DE
LA NOTION DE SUBSTANCE

RECHERCHES HISTORIQUES ET CRITIQUES

THÈSE COMPLÉMENTAIRE
présentée à la Faculté des lettres de Paris.

PAR

LOUIS PRAT

Ancien élève de la Faculté des lettres de Paris

PARIS

FELIX ALCAN, ÉDITEUR

ANCIENNE LIBRAIRIE GERMER BAILLIÈRE ET Cie

108, BOULEVARD SAINT-GERMAIN, 108

1905

Tous droits réservés

DE
LA NOTION DE SUBSTANCE

RECHERCHES HISTORIQUES ET CRITIQUES

DE

LA NOTION DE SUBSTANCE

RECHERCHES HISTORIQUES ET CRITIQUES

THÈSE COMPLÉMENTAIRE
présentée à la Faculté des lettres de Paris.

PAR

LOUIS PRAT

Ancien élève de la Faculté des lettres de Paris

PARIS

FELIX ALCAN, ÉDITEUR

ANCIENNE LIBRAIRIE GERMER BAILLIÈRE ET Cⁱᵉ

108, BOULEVARD SAINT-GERMAIN, 108

1905

Tous droits réservés

A

M. O. HAMELIN
MAITRE DE CONFÉRENCES A L'ÉCOLE NORMALE SUPÉRIEURE

Hommage très respectueux d'un ancien élève.

L. P.

DE LA NOTION DE SUBSTANCE

RECHERCHES HISTORIQUES ET CRITIQUES

CHAPITRE PREMIER

HISTOIRE DE LA NOTION DE SUBSTANCE : LES THÉOLOGIENS, LES SCOLASTIQUES

On a dit souvent, à propos de l'*Éthique* de Spinoza, que la définition de la substance, la troisième de celles qui posent avec les axiomes, les fondements de la doctrine, est la même qui était reçue chez les scolastiques. Et les cartésiens eux-mêmes n'auraient pas répudié cette définition : « *Per substantiam intelligo id, quod in se est, et per se concipitur : id est, cujus conceptus non indiget conceptu alterius rei, a quo formari debeat.* »

Les théologiens ou les philosophes qui ont cru avoir à se défendre de l'imputation de spinosisme faite à leurs doctrines n'ont pas tant nié l'exactitude de cette définition, qu'ils n'ont contesté la légitimité des conséquences que l'auteur avait prétendu tirer de ses principes. Malebranche, par exemple, en quelque sorte sommé par un correspondant de marquer précisément le lieu de l'*Éthique* où se trouvait le paralogisme par lequel le système entier de Spinoza était vicié, lui répondit en opposant, avec raison d'ailleurs, comme nous le montrerons plus loin, son *nego* à la cinquième proposition : *In rerum natura non possunt dari duae aut plures substantiae ejusdem naturae sive attributi.*

Mais est-il vrai qu'on se soit accordé, avant Spinoza, sur une définition du mot substance, telle que la sienne. Nous ne le pensons pas. Ceux qui l'ont pensé n'ont pas dû faire assez attention à l'emploi qui y est fait du pronom *id (id quod in se est)* où se montre déjà la signification de la chose unique et absolue, que serait cette chose en soi, dont le concept ne dépendrait du concept d'aucune autre, et à laquelle s'appliquerait aussi la définition première, celle de la *causa sui.*

Le terme substance n'a pas toujours eu en philosophie cette signification d'être en soi et par soi que lui donne Spinoza. Après avoir discuté les significations diverses que les théologiens et les philosophes ont données à ce terme, nous nous proposons de déterminer le sens véritable qu'il convient de lui attribuer.

L'histoire du mot substance en théologie a de l'intérêt pour la question que nous examinons. Ce mot, chez les latins, a été détourné de son sens étymologique et a servi à nommer l'être ou l'essence. Les pères grecs, au courant de la théorie aristotélicienne, encore aujourd'hui si mal nommée en français : théorie *de la substance,* appliquent correctement à la divinité le terme aristotélique οὐσία, si profondément différent de ceux de ὑπόστασις, substance et ὑποκείμενον, sujet. Saint Basile, par exemple, observant qu'il entre dans la constitution de la trinité divine un élément commun et des éléments spécifiques, exprime cette idée que le premier doit appartenir à l'essence (οὐσία) et que chacun des autres est signifié dans ce qu'il a de propre par une hypostase[1].

---

1. Ἐπεὶ οὖν τὸ μέν τι κοινὸν ἐν τῇ ἁγίᾳ τριάδι τὸ δὲ ἰδιάζον, ὁ λόγος ἐνεθεώρησεν, ὁ μὲν τῆς κοινότητος λόγος εἰς τὴν οὐσίαν ἀνάγεται ὑπόστασις τὸ ἰδιάζον ἑκάστου σημεῖόν ἐστι (S. Basile, lettr. 33).

Saint Augustin constate que l'usage s'est introduit d'appeler *substantia* l'essence que les Grecs appellent οὐσία et explique comment on a été conduit ainsi à adopter la terminologie connue de la formule de la trinité divine :

« Plerique nostri qui haec graece tractant dicere consueverunt μίαν οὐσίαν, τρεῖς ὑποστάσεις, quod est latine unam essentiam, tres substantias. Sed quia nostra loquendi consuetudo jam obtinuit ut hoc intelligatur cum dicimus *essentiam* quod intelligitur cum dicimus *substantiam*, non audemus dicere : *unam essentiam tres substantias*, sed *unam essentiam* (vel substantiam), *tres autem personas*[1]. »

Il résulte de cette déclaration de saint Augustin, et de ce que les mots *substantia et hypostasis* ont le même sens que les latins auraient pu dire aussi bien et même mieux : *une substance, trois substances*, que, *une substance, trois hypostases*, comme ils ont fait. Cette terminologie eût été d'accord avec la doctrine des conciles œcuméniques qui est, en tenant compte des synonymies, la consubstantialité de trois substances. La consubstantialité est ce qui sépare le dogme catholique de la doctrine des Alexandrins. Cette dernière, admettant, au lieu de l'identité fondamentale, l'émanation, est obligée de distinguer les hypostases émanées d'avec l'*Un*, hypostase première, qui est l'essence absolue sans qualification.

Il est bon de voir comment les conciles œcuméniques confirment les synonymies que nous venons d'établir : *natura, essentia, substantia*, qui conviennent à la fois à la nature divine et à la nature humaine, et *persona, subsistentia, hypostasis*. Subsistentia, traduction exacte d'hypostasis, montre bien qu'il n'y a là partout qu'une

---

1. Saint Augustin, *De trinitate*, V, 9

seule et même idée : l'idée de substance comme siège de qualités, mais nullement comme séparable de ses qualités, puisque les hypostases sont définies par les leurs, et que l'une d'elles, la seconde personne, le Verbe, réunit la nature humaine corporelle à la nature divine, au sein de la commune substance des trois personnes.

Le concile de Nicée définit en son Symbole le « filium dei, natum a patre, unigenitum, hoc est ex substantia patris, deum ex deo... homousion, hoc est consubstantialem patri ». Et le premier concile d'Ephèse : « quod verbum substantialiter ineffabiliter, et incomprehensibiliter factus sit homo et nuncupatus sit etiam filius hominis... quod diversae quidem naturae in unum convenerint, unus tamen ex ambabus Christus, et filius, non evacuata vel sublata diversitate naturarum per conjunctionem, sed quia simul nobis effecerunt unum deum, et Christum, et filium, id est divinitas et humanitas per arcanam illam ineffabilemque copulationis adunationem... Ita Christum unum et dominum confitemur non tanquam hominem cum verbo coadorantes,... sed unum jam et eumdem adorantes, quia non est alienum a verbo corpus suum cum quo ipso etiam assidet patri... »

Cette théorie de la nature ou substance divine et de son union avec la nature ou substance humaine est de nouveau formulée dans le concile œcuménique (le 2e) de Constantinople avec cette particularité que les hypostases y sont désignées par le terme *subsistentia* qui, identique pour le sens avec le terme *substantia*, doit cependant en être distingué parce que, si la signification en était la même, on serait forcé de dire que deux substances, l'humaine et la divine, sont non pas une seule, mais sont signifiées par la *subsistance* du Fils que l'on entend cependant pour consubstantiel au Père ; ou de la même substance :

« Si quis unam subsistentiam domini nostri Jesu-Christi ita intelligit tanquam suscipientem multarum substantiarum significationem, et propterea conatur introducere duas substantias in mysterio Christi, anathema sit...

« Propter quod et unus est Christus, idem Deus et homo, consubstantialis patri secundum deitatem et consubstantialis nobis secundum humanitatem... Si quis non confitetur unam naturam sive essentiam, unam virtutem et potentiam, trinitatem consubstantialem, unam deitatem *in tribus subsistentiis sive personis* adorandam, talis anathema sit. »

De cette terminologie de la substance divine, et, d'autre part, de l'emploi du mot *persona* comme synonyme de *subsistentia,* ou *hypostasis,* il résulte — et c'est contraire à la logique et au sens moderne du mot personnalité — que l'attribut peut se trouver une personne, au lieu d'être un terme universel. Une personne peut être une autre personne ! « Cette proposition, lisons-nous dans le Lexicon de Goclénius : *Hic Deus est homo,* nous montre un prédicat qui n'est pas dit du sujet substantiellement, sous le rapport de la nature, comme dans l'attribution naturelle exprimée par la proposition : *Petrus est homo,* mais sous le rapport de la personne qui subsiste en une telle nature[1]. » Et, en effet, l'attribut désigné par homo est la personne humaine de la seconde hypostase, homme unique, dont l'essence est incompatible avec son emploi à titre d'universel.

Passons maintenant de la théologie à la philosophie, pour nous rendre compte du sens du mot substance, dans les doctrines des deux principaux philosophes scolastiques, celle de Thomas d'Aquin et celle de

---

1. Goclénius, *Lexicon philosophicum,* v. substantia, p. 1097.

Duns Scot. Elles sont profondément opposées l'une à l'autre. Pour saint Thomas, les termes *Essentia, Quidditas, Forma, Natura,* sont synonymes et correspondent au τὸ τί ἐστι et au τὸ τί ἦν εἶναι d'Aristote. Le terme *substantia* qui est la traduction du grec οὐσία suivant l'usage dont nous venons d'expliquer la source chez les théologiens, revêt alors une signification peu différente de celle de *ens*. Cette dernière signifie, selon saint Thomas, tout ce dont on peut affirmer quelque chose, et qui se divise entre les dix catégories aristotéliciennes. La substance n'en diffère guère pour le sens qu'en ceci, qu'elle est, d'une manière générale, la *materia prima* revêtue d'une forme déterminée. En effet, la forme donne l'être à la matière ; l'être est en acte ou en puissance ; en acte, il se divise en substantiel ou accidentel, et, comme substantiel, on peut dire qu'il est en puissance dans la *materia prima* : *materia ex qua,* qu'il faut distinguer de la *materia in qua,* qui est celle du sujet particulier des accidents. Les accidents sont dans le sujet mais ne lui donnent pas l'être ; c'est la forme substantielle qui le donne à la matière[1]. Ainsi, les substances sont des choses produites et qui ont leurs principes.

Il n'en est autrement qu'en ce qui concerne la substance divine. *Esse* et *essentia* en Dieu sont synonymes : « Ipsum enim esse non potest participare aliquid quod non sit de essentia sua, quamvis id quod est possit aliquid aliud participare. Nihil enim est formalius aut simplicius quam esse. Divina autem substantia est ipsum esse ; ergo nihil habet quod non sit de sua substantia. Nullum ergo accidens ei inesse potest. » Saint Thomas démontre cette conclusion de plusieurs manières, entre autres par l'argument de la simplicité, qui doit être par-

---

1. Thomas Aquin., *De principiis naturae.*

faite pour la substance divine : « Substantia non dependet ab accidenti, quamvis accidens dependeat a substantia. Quod autem non dependet ab aliquo potest aliquando inveniri sine illo. Ergo potest aliqua substantia inveniri sine accidente. Hoc autem praecipue videtur amplissimae substantiae convenire, qualis est substantia divina. Divinae igitur substantiae omnino accidens non est [1]. »

Saint Thomas admet donc la possibilité de trouver quelques substances sans accidents. C'est ce qui paraît difficile à comprendre, comme il l'est aussi que Dieu puisse connaître le monde et ses accidents dans le cours du temps, sans que, les voyant comme ils sont, c'est-à-dire comme des accidents, ils ne soient pas également des accidents pour lui, en tant qu'il en prend connaissance. Mais, quoi qu'il en soit, si les substances peuvent exister sans accidents selon saint Thomas, elles ne peuvent du moins pas exister sans formes, c'est-à-dire sans les attributs ou qualités qui conviennent à chaque essence. Or les formes, c'est l'universel, et « quid est commune multis, nous dit saint Thomas, qui se montre nominaliste à plus d'un endroit, non est aliquid praeter multa, nisi sola ratione, sicut animal non est aliud praeter Socratem et Platonem et alia animalia, nisi intellectu qui apprehendit formam animalis expoliatam ab omnibus individuantibus et specificantibus » ; et encore, rattachant sa pensée à la doctrine d'Aristote : « Universalia non sunt res subsistentes, sed habent esse solum in singularibus, ut probatur in septimo metaphysicorum [2]. »

Les substances ne peuvent donc être réelles que comme êtres, ou choses, pourvues de formes ou qua-

---

1. Thomas Aquin, *Contra Gentiles*, l. I, chap. 23.
2. Id., *Contra Gentiles*, 1, 26 et 65.

lités ; et elles sont engendrées sous les conditions communes de l'existence aux termes de la doctrine aristotélique : « *Materia, Forma et Privatio* sunt principia substantiae. » La génération résulte de ces trois facteurs, dont l'un, la matière première, ὑλη ou *Chaos*, est indéfinissable comme n'ayant pas de forme, et un autre, la privation, est *non être,* en sorte qu'il n'y a passage de la puissance à l'acte que par la forme. Mais un autre principe encore est requis, dans la nature, pour le passage à l'acte, c'est la cause, non plus seulement *materialis* et *formalis*, mais *efficiens et finalis*[1].

La vraie ou l'unique question qui se pose, après ces brèves indications, sur le sens de la substance, dans la doctrine de saint Thomas, est celle que les docteurs scolastiques ont si longtemps discutée, comme la suite naturelle de leurs polémiques des universaux, si tant est que ce ne fût tout à fait la même ; c'est la définition de l'individualité, c'est la recherche du *principe d'individuation*. En effet, si, grâce au caractère abstrait ou négatif de la *matière,* de la *privation* et de la *puissance,* il ne reste plus, dans la nature, de principes actifs — capables de faire passer les êtres de la puissance à l'acte, — si les formes substantielles, les mêmes qui les qualifient, appartiennent, par conséquent, à l'ordre de l'universel, il n'est plus possible de comprendre ce qui peut constituer les êtres comme individus et non plus seulement comme des propriétés spécifiques, communes à plusieurs.

Thomas d'Aquin admet les idées platoniciennes, non comme choses en soi, mais comme formes qui sont, dans l'homme, les principes de l'emploi et de la connaissance des choses, et, en Dieu, des exemplaires de ces choses qu'il a créées. En ce dernier sens il est clair que

---

1. Id., *De principiis naturae*.

Thomas d'Aquin devait être, en quelque façon, réaliste, quoiqu'il se montrât nominaliste, quand il avait à définir le rapport des universaux à l'intelligence : ces formes qu'une émanation divine communique à la matière il faut, en effet, qu'elles soient quelque chose de réel, hors de Dieu, dans les créatures, puisque la matière première est sans forme, que la forme seule produit l'être en acte. Or, d'une part, « cum ex divina sapientia determinatae naturales formae procedant, deum ipsum exemplar primum rerum omnium esse asserendum est »; d'autre part, l'action créatrice et conservatrice, qui est une, se joint à l'émanation des formes exemplaires de l'intelligence divine, et « dicendum quod deus est in omnibus rebus sicut agens adest ei in quod agit. Oportet enim omne agens conjungi ei in quod immediate agit et sua virtute illud contingere. Unde probatur quod motum et movens oportet esse simul. Cum autem Deus sit ipsum esse per suam essentiam, oportet quod esse creatum sit proprius effectus ejus; sicut ignire est proprius effectus ipsius ignis. Hunc autem effectum causat deus in rebus non solum quando primo esse incipiunt, sed quamdiu in esse conservantur[1] ». Dieu étant donc, selon cette doctrine de Thomas d'Aquin — si difficile à distinguer du panthéisme — à la fois l'auteur de l'être, des formes et des actes des êtres de la nature, on ne voit pas d'où peut venir, et en quoi consiste, pour ceux d'entre les êtres qui existent comme individus — pour les âmes notamment — le caractère individuel. C'est cependant à ce caractère que tient la différence entre la doctrine de la création proprement dite, et celle de l'immanence divine dans le monde.

Les formes ou essences restent incompréhensibles,

---

1. Thomas Aquin, *Summa theologica*, II, Q, XLIV, art. 3 et VIII, art. 1.

on le voit, dans le système de saint Thomas. On ne comprend pas comment elles peuvent rester universelles en se montrant réalisées dans un nombre de sujets différents, ou devenir individuelles dans les êtres naturels, si elles sont universelles, c'est-à-dire uniquement intelligibles de leur nature, comme on les dit être en Dieu.

Thomas d'Aquin se flatte de résoudre le problème de l'individuation en renonçant à considérer les êtres créés comme premièrement, ou par leur constitution même, individuels. C'est à l'union de la forme à la matière que serait due l'individuation : non que la matière qui, bien que créée de Dieu, n'est qu'une puissance et un vrai néant, sans la forme, soit capable d'opérer sur les formes pour les individualiser, mais parce qu'elle a la propriété de recevoir la quantité dans le temps et dans l'espace, et que, grâce à ces modifications qui, dans le langage de Thomas d'Aquin, la mettent en état de *materia signata,* elle acquiert le pouvoir d'engendrer, en recevant l'empreinte de la forme, l'individualité. Cette théorie étant inapplicable aux substances immatérielles, Thomas d'Aquin fut conduit à soutenir ce paradoxe théologique, qu'il y a, parmi les anges, autant d'individus que d'espèces, ce qui suppose, semble-t-il, que ces êtres spirituels n'ont entre eux aucune ressemblance. Et quant aux âmes, qu'il regardait aussi comme immatérielles, il suppose, à l'exemple des néoplatoniciens, certains penchants des âmes à s'unir spécialement à tels ou tels corps, d'où la nécessité, pour elles, de subir, une fois engagées dans les liens de la matière, des influences organiques. Il est manifeste que Thomas d'Aquin, en cette dernière partie de ses opinions, se rattachait à l'idée commune des pères de l'Église, sur la matière et les corps, et non plus aux définitions logiques empruntées par la scolastique à la doctrine d'Aristote.

La doctrine thomiste ne met donc pas l'individualité de l'âme à l'origine. Elle ne reconnaît pas l'âme individuelle, au sommet, la personne, comme l'objet premier et essentiel de la création. L'individu n'est pas créé, il devient. La même tendance universaliste se donne cours dans une théologie où Dieu est l'agent unique et universel donnant, avec l'être, les formes et l'action à toutes ses créatures. Cette tendance se marque également dans l'idée que Thomas d'Aquin se fit du principe de la connaissance ; là aussi, l'universel est placé par lui au commencement : « Ens et essentia sunt quae primo in intellectu concipiuntur ». La *notitia entis in genere* « *primum cognitum,* omnes categorias, seu predicamenta penetrat*[1]* ».

Le grand antagoniste du thomisme au moyen âge, Duns Scot, s'est élevé contre cette proposition[2]. Il s'est élevé encore contre l'origine matérielle de l'individualité, ce qui d'ailleurs ne l'a pas empêché d'être nominaliste comme Thomas d'Aquin [3] en considérant les uni-

1. Thomas Aquin, *De ente et essentia*, Proemium.
2. Duns Scot, *In sentent.*, D. I, Q. 3 : Primum actualiter cognitum confuse ordine originis est species specialissima, cujus singulare efficacius et fortius primo movet sensum, sive audibile, sive visibile, sive tangibile. Quodcumque enim individuum fortius movet sensum, ejus species primo cognita est cognitione confusa, et, hoc supposito, quod singulare sit in debita proportione praesens sensui.
3. *Id., ibid*, l. II, D. XII, Q. 5 : Dico quod universale in actu non est nisi in intellectu, quia non est actu universale, nisi sit unum in multis et de multis, ita quod de multis est aptitudo proxima universalis in actu, quia non potest haberi in actu universale, quo ipsum est dicibile de alio sic, hoc est hoc, nisi per intellectum, tamen ista unitas realis media inter numeralem et rationis non est differentia universalitatis qua hoc est actu dicibile de multis, sed solum est in differentia, secundum quam sibi non repugnat esse hoc et hoc simul ; tamen non potest secundum istam realem unitatem minorem esse simul hoc et hoc, nisi in conceptu in intellectu, quod non est ex parte sui quia haec equinitas est natura quae non habet unde repugnat sibi esse in hoc et esse in isto, sed determinatur per singularitatem advenientem.

versaux sous leur aspect logique, et d'entendre, sinon
comme lui la théorie des formes substantielles, au moins
de telle manière qu'il ait été possible aux critiques de
se tromper du tout au tout dans l'interprétation de sa
doctrine, et de faire un panthéiste du scolastique origi-
nal qui a regardé l'individualité comme la marque sou-
veraine de l'être créé, par-dessus tous les communs
caractères possibles, et nié résolument la doctrine du
genus generalissimum, embrassant Dieu et la Nature dans
la commune conception de l'Être, d'où l'unité de substance. Bayle fut, en France, le premier auteur de cette
erreur qui paraît être restée à l'état de chose jugée à
cause de l'obscurité, disons même de la barbarie du la-
tin de Scot, et de son extrême subtilité qui rebute les
lecteurs[1]. « Selon les disciples de Scot, dit Bayle, les
natures universelles sont indubitablement les mêmes
dans chacun de leurs individus... Sur quel fondement
disent-ils cela? C'est que le même attribut d'homme
qui convient à Pierre convient aussi à Paul. Voilà justement l'illusion des spinosistes. « L'attribut, disent-ils,
« ne diffère point de la substance à laquelle il convient ;
« donc, partout où est le même attribut, là aussi se trouve
« la même substance ; et, par conséquent, puisque le
« même attribut se trouve dans toutes les substances,
« elles ne sont qu'une substance »... Les autres scolastiques (les adversaires du scotisme) n'auraient besoin,
pour renverser ce mauvais système, que de distinguer
entre *idem numero* et *idem specie* ou *multitudine*[2]. » Or,
cette distinction a précisément été faite par Scot, comme

Unde non potest simul esse in hoc et in isto, ideo ista communitas non est
universalis completi.

1. On peut juger de ce double défaut sur échantillon en lisant et tâchant
de traduire en français les motifs que donne le *docteur subtil* à l'appui de la
thèse du nominalisme (V. notre note précédente).

2. *Dictionnaire historique et critique*, art. ABAILARD. C.

nous allons le voir, dans sa théorie de la création des âmes comme singulières ou individuelles.

Un jugement analogue, attribuant à Scot la doctrine de l'unité de substance, a été porté en ces termes par un historien de la scolastique, sur l'autorité de Zabarella, dit-il, alors qu'il a pourtant les textes de Scot sous les yeux : le principe d'individuation ne justifierait pas son nom. Il ne serait, comparativement aux formes constitutives des degrés de l'universel, autre chose que « la dernière forme qui, se terminant à la dernière entité, serait la forme de la matière moindre, de la dernière matière, au point où la division n'est plus possible, où commence l'indivision[1] ». Or, voici en quels termes Scot s'exprime sur l'acte de la création comme déterminant l'existence de l'individuel signifié par le pronom défini *hic*.

« Primus terminus creationis formaliter est *hic*. Ergo anima naturaliter prius est *haec*, quam unitur materiae, et, pari ratione, de alia anima, prius natura est haec quam uniatur materiae. Unde ista anima est haec sua propria singularitate, et inde est haec et non illa, et per consequens prima distinctione singularitatis, distinguitur a singulari distincta ab illa ; ergo distinctae sunt istae animae prius natura quam uniantur materiae ; non ergo per se et primo distinguuntur sua materia[2]. » Cette dernière négation vise la doctrine de Thomas d'Aquin qui rapportait l'individualité à l'union de l'être spirituel à la matière, ainsi qu'on l'a vu ci-dessus.

De cet *haec* de Duns Scot a été formé le substantif *hœccéité* pour désigner cet individualisme métaphysique qu'on n'a pas voulu comprendre. On demande une définition de ce principe irréductible qui serait la

1. B. Hauréau, *De la philosophie scolastique*, t. II, p. 367.
2. *Quodlibeta* de Scot, cité par Hauréau (Q. II, n° 5).

raison de l'individu comme tel, et on s'étonne que Scot
réponde au fond par une fin de non-recevoir, en se
contentant d'affirmer qu'il s'agit d'une propriété intrin-
sèque, indéfinissable, due à une cause extrinsèque, de
quelque manière que celle-ci agisse : « Frustra quæ-
ritur ratio singularitatis: et hacc est prima ratio singularitatis determinatae per aliquid extrinsecum tanquam per
principium formale, quomodocumque extrinsecum sit
causae aliqualis concomitans, quia semper oportet quod
prima ratio formalis singularitatis signatae sit per
aliquid per se intrinsecum singulari[1]. » Étrange aveu-
glement des interprètes, qui ne voient pas qu'il ne
saurait être question, d'une part que de l'acte premier
créateur des âmes, et, d'une autre part, de l'idée
d'unité, idée en elle-même irréductible dont il était
permis seulement de demander l'application première
et essentielle : c'est celle que plus tard Descartes
devait donner en son *cogito* : *la chose qui pense*.

Le point capital à établir, dans cette théorie de la
substance individuelle de Duns Scot, consiste en ce
que le principe d'individuation n'est point ce qui donne
à l'individu sa *quiddité*, n'est point une forme, n'est
point intelligible en lui-même (sua propria ratione) et
que, de même que sa nature est incompréhensible, la
connaissance qu'on en a ne peut être donnée par
l'universel; et la preuve inattaquable résulte de plusieurs textes qu'on peut citer du traité *in libros senten-
tiarum* non moins formels que le suivant :

« Cum dicitur : singulare non est intelligibile nisi
in universali, dico, quod sicut in communiori non con-
tinetur perfecte quiquid est entitatis in inferiori, sic
nec in cognosci vel intelligi. Ideo dico quod in nulla
specie inquantum talis, perfecte potest cognosci suum

---

1. *Quodlibeta* (Q. II, n° 7).

per se singulare, quia aliquid includit, quod non species, et quantum ad hoc non ducit species in ejus cognitionem. Et ideo dico, quod singulare non est per se intelligibile sub propria ratione[1]. »

Ce ne serait pas nous écarter, au fond de notre sujet que d'exposer rapidement des thèses plus connues de la philosophie de Scot : 1° la thèse de la liberté humaine qui n'est pas pour lui dans les mots seulement comme elle l'est dans la doctrine thomiste ; 2° celle de *l'éternité successive,* qui, en écartant la conception chimérique de l'éternité *simul stans* et de la connaissance simultanée que Dieu aurait des choses du temps, passées, présentes et futures, tranche par la racine le panthéisme théologique de Thomas d'Aquin ; 3° le caractère contingent de la vie divine (intelligence et volonté) relativement aux choses contingentes de la création qui est son œuvre ; 4° l'impossibilité humaine d'atteindre la connaissance de la nature divine en soi. Tous ces points de doctrine touchent à la question de la substance et s'opposent à la thèse de l'unité, mais leur examen nous mènerait trop loin. Arrêtons-nous seulement un moment sur le dernier qui concerne la notion elle-même parce que Scot y traite en même temps de l'idée de Dieu et de l'idée de substance.

Ce philosophe nominaliste, nous avons vu en quel sens, est cependant celui des scolastiques qui justifie le plus complètement l'accusation portée généralement contre eux de réaliser des entités, de traiter les abstractions comme des sortes d'êtres. Il n'hésite donc pas à réaliser la substance, les substances. Il n'hésite pas davantage à réaliser la matière, à ses divers degrés d'existence, plus ou moins revêtue de

---

1. D. Scot, *In sentent.*, II, dist. 3, q. 3, n° 12. — Conf. *ibid.*, I, 26, 2, 3 ; II, 9, 2, 5 ; II, 1, 2, 10 ; II, 12, 8, 6, 7.

formes, et créée par Dieu avant les formes comme une puissance de les recevoir. Mais quand il s'agit de les définir, c'est une autre question : la substance est incompréhensible.

On doit, sur toute chose qu'un nom désigne, distinguer, selon Scot, la *notitia si est* d'avec la *notitia quid est*. On n'a de Dieu que la première : on ne l'invoquerait pas si on ne le savait exister ; quant à la seconde, il est clair qu'on ne la possède pas *per speciem rei*. Il en est de même pour la substance. Nous ne la connaissons pas par représentation propre, ou image (per propriam speciem); autrement nous connaîtrions l'absence du pain dans l'hostie consacrée. Par l'image de l'accident on a le concept de la substance, non la donnée de son essence (*quid est*). On sait que *l'inhaerentia stat ad per se stans, et hic est conceptus substantiae*. Autant on sait *per accidens* du *si est*, autant et pas plus du *quid est*. En ce qui est de Dieu nous connaissons du *quid*, par représentation étrangère, certaines qualités : qu'il est acte pur intelligible, créateur ex nihilo, etc ; c'est une définition ; pourtant cette connaissance, étant *per speciem alienam*, et non point *facialis*, mais telle seulement qu'elle *relucet in effectu* et univoque avec la connaissance que nous avons des créatures, n'est pas celle de l'en soi, ne nous apprend rien du *quid proprium* de Dieu, et *stat per ignorantiam* et negationem. « Quando facimus attributiones ad Deum removemus a perfectionibus imperfectiones creaturae, et illud quod remanet attribuimus Deo ; quaero si illud remanens sit univocum Deo et creaturae? Si, sic, habeo propositum ; si non, non magis attribuitur Deo sapientia, quam lapis[1]. »

---

[1] D. Scot *Disputationes*, XIII. On lit encore ailleurs pour plus de clarté : « neque plus constaret nobis esse sapientem, ex conceptu creaturarum quam esse lapidem ».

Revenons maintenant à la question de l'individualité substantielle et rendons-nous compte de son intérêt philosophique. Les thèses de la doctrine de l'individuel de Scot se résument en ces termes : l'individuation est quelque chose de positif ; toutes les différences se ramènent à des différents premiers (primo diversa); car on aurait sans cela un procès à l'infini des différences formelles, et les qualités ne sauraient exister sans les individus (quidditas sine individualitate). Voilà l'établissement de la substance individuelle, et non plus comme une entité abstraite qu'on peut laisser de côté, mais comme une chose intelligible, non point comme une forme mais comme l'opposé des formes. Scot, en effet, remarque que les formes composent le multiple intelligible donné dans l'unité numérale de l'individu, et qu'on doit distinguer l'unité de la simplicité : « Quae sunt unum realiter manent tamen distincta formaliter[1] ». Il n'existe donc pas telle chose qu'une certaine unité de l'âme, qui serait, en style scolastique, la forme substantielle de l'homme, mais la nature comprend un certain ensemble ou quiddités superposées (propriétés générales en style moderne), et il y a unité, ou entité une, avec multiplicité de ces parties d'un composé divisible secundum formam, vel essentiam, vel quidditatem. Scot va jusqu'à formuler cette observation, d'une entière exactitude physiologique, que, autant l'être animé est parfait, autant il requiert d'organes relatifs à des formes substantielles distinctes, que la perfection augmente avec la composition, et que « in compositis, frequentius invenitur cum majori compositioni verior unitas et entitas quam in partibus cum minori compositione[2] ».

1. D. Scot, In sentent., II, Dist. 12, Q. 4, 8.
2. Ibid., IV, Dist. 11, Q. 3.

La similitude entre l'âme humaine et l'être divin conçu d'après la même loi, dans cette théorie, consiste en ce que les formes, qui sont les attributs divins de perfection, se distinguent formellement en Dieu, comme dans sa créature. Mais, en Dieu, ils sont portés à l'infini, et ne se confondent pas avec son essence, ainsi que le prétend saint Thomas. Et la différence consiste, en ce que la forme, *in creaturis,* est *forma informans* et comporte de l'imperfection, au lieu que, *in divinis,* nec est *informans* nec *pars,* mais bien dans le sujet *cum quo nata est esse*[1]. L'objet de cette proposition est évidemment de défendre la thèse de la réelle, c'est-à-dire individuelle personnalité divine contre l'absorption des attributs en ce genus generalissimum où toute relation s'évanouit.

Un sérieux rapprochement—et c'est à quoi nous voulions en venir, en même temps qu'une excuse que nous demandons pour notre excursion dans le fouillis scolastique — ressort de notre explication de la doctrine de Scot, entre cette doctrine et la monadologie leibnitienne. En effet le *quid singulare* qui n'est pas intelligible *sub propria ratione,* c'est-à-dire indépendamment des formes ou qualités qui de leur nature appartiennent à *l'universale,* ce *hoc* pur de Scot, c'est le τὸ τι ἐστι de la monade, la *substantia simplex* de Leibnitz, qui est inexplicable, dont il ne faut demander la raison qu'au seul créateur, ni la définition à autre chose qu'à ses qualités essentielles, incapables en elles-mêmes de constituer le réel, parce que, comme le dit Scot: « Universale in actu non est nisi in intellectu ». Scot appelle unum realiter ce *hoc* que les formes substantielles différencient, rendent multiple et divisible en lui-même ; Leibnitz pré-

---

1. D. Scot, *In sentent.,* I, Dist 3, Q. 8, ou bien I, 8, 4.

fère l'appeler simple, parce qu'il se place au point de vue de la composition matérielle : « Simplex dicitur quae partibus caret », mais il constate la composition formelle : « Opus est ut monada habeant aliquas qualitates ; alias nec entia forent » (Monadologia I et VIII). La différence n'est donc que dans les mots ; le scolastique monadiste et le philosophe moderne qui a, dit-il, trouvé des perles dans le fumier scolastique, sont d'accord.

Les deux philosophes sont d'accord aussi dans l'absence forcée de justification de la définition de la substance. Pour Leibnitz : « Necesse est dari substantias simplices quia dantur composita, neque enim compositum est nisi aggregatum simplicium » ; et, pour Scot : « Unitas simpliciter, qualis est unitas individua, consequitur per se aliquam entitatem ; item omnis differentia differentium reducitur ad aliqua primo diversa ; alioquin non esset status in differentibus ». C'est le même argument. Et enfin, ils sont d'accord, au fond, sur l'idée de substance, car, au point de vue de Scot, et à raison de sa thèse nominaliste des universaux, cette idée étant universelle ne saurait être un *reale in actu nisi in intellectu*. *In actu,* c'est les êtres individuels qu'elle désigne, tandis qu'elle se confond, *in intellectu,* avec l'idée générale de l'être. Ajoutons que la notion est immatérielle des deux parts. Scot exclut la matière du principe d'individuation et Leibnitz ne l'admet que pour les substances composées.

On peut étendre le rapprochement des deux doctrines jusqu'à l'idée de Dieu, monade suprême et créatrice, mais là aussi commencent leurs différences qui sont très grandes, et portent essentiellement sur la thèse de la liberté. Nous n'avons pas à nous en occuper. Les ressemblances subsistent.

En ce qui concerne l'idée de substance, nous pouvous dire qu'une doctrine comme celle de Scot et de Leibnitz nous fait atteindre le terme extrême de la spéculation métaphysique. La nécessité logique de poser l'unité de l'être radical, le multiple dans l'un, le composé dans le simple, et, d'une autre part, l'impossibilité de rendre compte de cette relation fondamentale, ainsi que de la surpasser, c'est, si nous la comprenons bien, la justification de la méthode philosophique qui n'admet de connaissance réelle que du relatif. La relation la plus profonde est celle du sujet à l'objet dans la conscience, et dont la conscience même dépend, alors que toute connaissance possible implique manifestement la conscience. Il n'y a au-dessus que l'idée pure de l'être, laquelle est inféconde, et, au-dessus encore, celle de l'absolu, mais qui ne se peut penser[1].

---

1. Un illustre philosophe contemporain constate (*First principles*, art. 20) que le *Self* ne peut être, dans la conscience, ni l'objet, ni le sujet, l'un ne pouvant être pensé qu'en son rapport avec l'autre. Il ne conclut pas de là comme il serait naturel, que la personnalité, quant à la connaissance, réside en ce rapport même ; au contraire, il soutient que « cette personnalité dont chacun a conscience est une chose qui ne peut point du tout être connue ». Il admet cependant l'impossibilité de penser autrement qu'en relation, mais il réclame en regard de tout le relatif pensable, l'existence d'un *non relatif*. Ce non relatif n'est donc point pensable. Or, penser ce qui n'est pas pensable c'est poser pour la connaissance une pure négation, et comment de cette négation faire une affirmation qui soit celle de quelque chose ?

CHAPITRE II

HISTOIRE DE LA NOTION DE SUBSTANCE : DESCARTES ET LES CARTÉSIENS.

Quand on cherche le fait caractéristique du progrès de la méthode entre l'époque de la scolastique finissante et le moment où l'œuvre de Descartes, en France, et celle de Hobbes, en Angleterre, donnent une physionomie toute nouvelle aux questions et aux débats philosophiques, on doit reconnaître que ce fait consiste essentiellement dans le changement apporté à l'idée qu'on se formait de la matière en elle-même et par opposition à l'esprit. Ce changement était dû au progrès des sciences pendant le XVIe siècle et vers les premières années du XVIIe. Ce ne sont point les savants qui ont puisé dans l'École les idées capitales sur lesquelles devait porter ce que la science admet nécessairement de spéculatif en ses principes ; ce sont les philosophes qui ont délaissé l'École pour se rattacher à des définitions plus positives du sujet des recherches scientifiques, qui est aussi le leur en partie. L'idée de matière s'est entièrement transformée et les questions métaphysiques ont changé de face. La psychologie est née en même temps que l'idéalisme.

L'idée de matière était celle d'un sujet exclusivement défini par la puissance qu'on lui attribuait de revêtir des formes substantielles, c'est-à-dire formes caractéristiques de substances, et ces formes étaient tout ce qui, dans la matière, est susceptible de définition comme qualités, comme idées universelles, par conséquent, qui viennent *l'informer* et faire passer ses puissances à l'acte. Les plus hardis nominalistes, en refusant toute existence aux entités-formes, glissaient dans l'empirisme, parce que les propriétés sensibles des corps leur représentaient des sujets réels, naturellement pourvus de qualités, sans qu'ils pussent s'élever à une idée générale du sujet matériel. Cette idée fut peu à peu constituée par les travaux des mathématiciens, des astronomes et des physiciens, de ces savants dont le génie de Galilée peut être regardé comme un exemplaire achevé, dès la fin du xvi° siècle. Cette idée est celle de la matière comme sujet en soi et constamment en acte, de l'étendue indéfiniment divisible, de la figure, du lieu et du mouvement. La matière est soumise en toutes ses parties à la loi mathématique de la pesanteur. Et cette idée est celle de la chose, ou substance, inséparable de ses attributs, sans distinction entre la chose qualifiée et le support des qualités ainsi que nous allons le reconnaître.

A cette idée devait naturellement s'opposer, par le fait de sa définition même, l'idée de l'esprit qui en a la perception. L'intérêt de l'idée de substance s'attache dès ce moment à la question de savoir s'il y a réellement deux sujets (ou choses), savoir la matière et l'esprit, ou un seul qui réunirait les deux genres d'attributs: soit la matière, soit l'esprit. La doctrine de l'esprit, sujet réel unique, avec de belles prémisses posées par Descartes, ne se produisit cependant qu'en dernier lieu.

Descartes, en qualité de mathématicien, devait donner de l'idée de substance une définition précise : Nous la trouvons dans les *Rationes more geometrico dispositae* mises à la suite de la *Responsio ad secundas objectiones in Cartesii meditationes*[2].

---

1. *Definitiones*, V-VII.

« I. Omnis res cui inest immediate, ut in subjecto, sive per quam existit aliquid quod percipimus, hoc est, aliqua proprietas, sive qualitas, sive attributum, cujus realis idea in nobis est, vocatur *Substantia*. Neque ipsius substantiae, praecise sumptae, aliam habemus ideam quam quod sit res, in qua formaliter, vel eminenter existit illud aliquid quod percipimus, sive quod est objective in aliqua ex nostris ideis; quia naturali lumine notum est nullum esse posse nihili reale attributum.

« II. Substantia cui inest immediate cogitatio vocatur *Mens*: loquor autem hic de mente potius quam de anima, quoniam animae nomen est aequivocum, et saepe pro re corporea usurpatur.

« III. Substantia quae est subjectum immediatum extensionis localis et accidentium, quae extensionem praesupponunt, ut figurae, situs, motus localis, etc., vocatur *Corpus* (An vero una et eadem substantia sit quae vocatur *Mens* et *Corpus*, an duae diversae, postea erit inquirendum).

« IV. Substantia quam summe perfectam esse intelligimus, et in qua nihil plane concipimus quod aliquem defectum, sive perfectionis limitationem involvat, *Deus* vocatur. »

La question à examiner touchant la question des deux substances est résolue peu après, en des termes qui se réduisent essentiellement et au fond — si l'on veut écarter des postulats que Descartes se fait accorder pour sa démonstration, — au fait que l'idée de la matière suppose la pensée et que la réciproque n'est pas vraie. C'est donc en résumé le célèbre *Cogito ergo sum* du *Discours de la méthode*, avec la remarque à ajouter, que cette affirmation ne suppose point la connaissance du sujet corporel, qui résout la question de la substance. La question de l'existence propre du sujet corporel demeure réservée pour la spéculation sur la nature.

Un *sujet immédiat* de *propriétés*, *qualités* ou *attributs* est donc toute chose qui nous les présente objectivement[1], en quelqu'une de nos idées, comme renfermés formellement ou éminemment dans cette chose ou produit par elle. Et cette chose nous l'appelons substance.

On ne peut pas dire que, par cette définition, on tranche précisément la question de savoir si *cette chose* considérée comme sujet est *quelque chose* qui serait proprement *la substance* indépendamment de la chose prise avec ses attributs, ou si le sujet pris en ce sens *abstrait* n'est réellement qu'une *abstraction*. Le problème des universaux, dont la question dépend, n'était plus agité parmi les philosophes. Mais c'est l'esprit nominaliste qui restait vainqueur, et c'est dans cet esprit que nous devons interpréter la pensée de Descartes. Nous y sommes d'autant plus fondé que nous voyons, dans l'*Inquisitio veritatis per lumen naturale,* — ouvrage par lequel l'auteur se proposait d'atteindre un public moins spécial que celui auquel il avait adressé ses méditations, — Descartes s'exprimer en homme sorti de l'école des savants, à plus juste titre que de l'école des scolastiques, et réclamer le droit de la science à fonder ses démonstrations sur des notions d'ordre commun : « Fortasse praecipuis qui in scientiis committi possint, erroribus eorum accensendus error est, qui id, quod concipi tantummodo debet, definire volunt, quique ea, quae clara sunt, ab obscuris distinguere, et id, quod ut cognoscatur definiri exigit mereturque, ab eo, quod optime per se ipsum cognosci potest, discernere nequeunt. Jam vero in iis rebus, quae isto modo clarae sunt, et

---

1. *Objectivement*, dans la langue de Descartes, signifiait, *représentativement*, dans *l'entendement*, avec une apparence objective, et *formellement* signifiait *en soi*, dans un sujet hors de l'entendement. Le sens des mots *objectif* et *subjectif* a été retourné, et peut actuellement prêter à équivoque.

per se cognoscuntur, dubitatio, cogitatio, et existentia adnumerari possunt [1] ».

Régis, disciple de Descartes, nous paraît donc être entré fidèlement dans l'esprit de son maître, quand il définit la substance, logiquement plutôt que métaphysiquement, et, prenant la pensée pour exemple, comme une chose qui existe en elle-même et qui est un sujet de modifications et de façon d'être, en ces termes : « Comme la pensée qui constitue ma nature existe en elle-même, et que toutes mes manières de penser n'existent que dans cette pensée, pour marquer cette différence, que la pensée qui constitue ma nature est une *substance* et que toutes mes différentes manières de penser ne sont que des *modifications*, des *façons d'être* ou en général des *propriétés* de cette substance. *Ce qu'étendant à tout autre sujet*, j'entendrai par le mot de substance une chose qui existe en elle-même, et par les mots de mode, de modification, de façon d'être ou en général de propriété ce qui ne peut exister que dans un sujet » ; et ailleurs, pour marquer mieux encore que ce mot substance désigne un sujet réel, encore bien qu'indéterminé : « Quand je fais réflexion sur l'idée que j'ai de la substance en général, je trouve qu'elle ne représente rien de déterminé, et que le mot de *substance* signifie indéfiniment tout ce qui existe en soi-même sans exprimer si c'est un corps ou un esprit [2] ».

Malebranche ne se faisait certainement pas une autre idée de la substance quand il écrivait, pour démontrer la distinction de l'étendue et de la pensée : « Comme une substance c'est un être qui subsiste en lui-même, l'idée d'une substance ne renferme point nécessairement l'idée d'un autre être. Nous n'avons pas d'autre

---

1. Descartes, *Inquisitio veritatis*, etc., p. 87 (opuscula posthuma).
2. *Système de la philosophie*, t. I, p. 72 et 115.

voie pour distinguer les substances, ou les êtres, des modifications ou des façons d'être que par les différentes manières dont nous apercevons ces choses... N'est-il pas vrai que vous pouvez apercevoir de l'étendue toute seule ? Donc l'étendue est une substance et nullement une façon ou une manière d'être ; donc l'étendue et la matière ne sont qu'une même substance. Or je puis apercevoir ma pensée, mon désir, mon plaisir, sans penser à l'étendue, et même en supposant qu'il n'y a point d'étendue. Donc toutes ces choses ne sont point des modifications de l'étendue, mais des modifications d'une substance qui pense, qui sent, qui désire, et qui est bien différente de l'étendue[1]. »

Le caractère logique que revêt l'idée de substance, en ce passage de Malebranche, est d'autant plus remarquable que ce philosophe, en formulant la définition de l'être désigné par le nom de substance, n'entendait point que la réalité de l'être ainsi pensé comme en soi fût garantie par son idée. Nous savons en effet qu'il aurait admis la possibilité que l'étendue (et par conséquent, selon lui, la matière) avec toutes ses propriétés fût uniquement intelligible, et perçue par nos esprits dans l'esprit divin, si ce n'était qu'il en croyait l'existence prouvée par la révélation. Le motif de douter, très légitime, était que la pensée se démontre à elle-même son existence, tandis qu'elle se démontre bien aussi qu'elle pense l'étendue mais non pas l'existence réelle de l'étendue.

Spinoza, dont on a souvent représenté la doctrine comme légitimement issue du cartésianisme, a en effet admis et développé certaines des thèses reçues par Descartes, ou par les cartésiens, et qui d'ailleurs remontaient bien plus haut et jusqu'à la scolastique.

---

1. *Entretiens sur la métaphysique*, I, 2.

Mais il y a loin de là au caractère déductif qu'on voudrait reconnaître aux thèses capitales du spinosisme, par rapport à la méthode cartésienne. Non seulement cette méthode n'autorisait en rien la thèse de l'unité de substance, mais encore elle l'excluait par son origine dans le *Cogito*, qui est nécessairement individualité en sa première affirmation, et en interdit tout autre comme certaine au même degré. D'autre part, et plus spécialement, elle condamne toute tentative pour faire regarder l'étendue réelle (identifiée à la matière) comme indissolublement liée à la pensée *dans la substance*. Malebranche, sommé en quelque sorte par Dortous de Mairan de lui indiquer « l'endroit, précisément, et à la manière des géomètres, le paralogisme dont il accuse le traité, *de Deo*, afin qu'il pût examiner en détail la démonstration et ses dépendances », répond à ce correspondant : « C'est à la troisième ligne (de la page 5) : *Concedetur ergo*, etc. Je ne l'accorde pas ; car Paris n'est pas Rome ; la boule A n'est pas la boule B. Ce sont deux boules et par conséquent deux substances... L'idée de l'une convient à l'idée de l'autre, mais elle peut être sans l'autre, elle peut être conçue sans l'autre... Elle est partie de l'étendue ou de la substance qui compose l'univers, mais elle n'est pas une *modification* de l'étendue... L'idée de l'étendue est infinie, mais cela n'empêche pas que la boule ne soit une substance, une partie de la substance, fût-elle infinie, dont le monde est composé. L'idée de l'étendue est infinie mais son *ideatum* ne l'est peut-être pas. *Peut-être n'y a-t-il aucun ideatum*... Je ne sais que par une espèce de révélation s'il y en a. En un mot je puis concevoir qu'il n'y en a point [1] ».

---

1. *Correspondance de N. Malebranche et de Dortous de Mairan* (Édit. Feuillet des Conches, p. 152 et 162).

La proposition de l'Éthique ainsi réfutée par Malebranche a pour énoncé : *In rerum natura non possunt dari duae aut plures substantiae ejusdem naturae sive attributi.* Il oppose à l'unité de substance ainsi formulée deux arguments : Le premier est tiré de ce que des objets peuvent être de même nature, avoir des existences distinctes avec des propriétés communes, et se nommer des substances ; et il prend pour exemple des parties d'étendue ou matière, quoique des esprits divers eussent évidemment mieux convenu à son but — il devait avoir pour cela quelque raison dans sa propre doctrine mais nous ne la rechercherons pas ici. Le second argument est pris de ce que l'existence en soi de l'étendue n'étant pas même prouvée, le philosophe est mal fondé à regarder comme une substance ce qui n'est peut-être qu'une idée. Ces arguments sont justes au fond et intéressants pour achever d'éclaircir le sens que leur auteur donnait au terme de *substance* ; mais ils ne serrent pas d'assez près la thèse de Spinoza et, par suite, ne vont pas, contre lui, au fond logique de la question.

Prenons la proposition de Spinoza et examinons les principes et les thèses antérieurement formulés par lesquels il prétend la justifier : « Si darentur plures distinctae (substantiae) deberent inter se distingui vel ex diversitate attributorum vel ex diversitate affectionum ». Cette proposition, la cinquième de l'Éthique, Spinoza l'appuie sur la précédente : « Duae aut plures res distinctae vel inter se distinguntur ex diversitate attributarum subtantiarum, vel ex diversitate earumdem affectionum ». C'est à celle-ci que doit s'opposer le nego du logicien parce que la disjonction qu'elle opère laisse de côté un troisième mode de distinction des substances : la distinction *solo numero* est naturellement admise par nos esprits en dehors de toute philosophie, et Spinoza ne démontre pas qu'elle est fausse. Il allègue un de ses *axiomes,* le premier : « Omnia quae sunt vel in se vel in alio sunt », et deux de ses *définitions,* la troisième et la cinquième : « Per substantiam intelligo id quod in se est et per se concipitur, hoc est id cujus conceptus non indiget conceptu alterius rei, a quo formari debeat », et « Per modum intelligo substantiae affectiones, sive id quod in alio est, per quod etiam concipitur » ; et il conclut : « Extra intellectum nihil datur, per quod plures res distingui inter se possunt praeter substantias, sive, quod idem est, earum attributa earumque affectiones ». Mais on peut admettre cette définition de la substance, celle de l'attribut (id quod intellectus de substantia percipit, tanquam ejusdem essentiam constituens), et enfin celle des modes ou affections ; il n'y entre rien, dans les énoncés que nous venons de rapporter, rien absolument qui implique l'impossibilité de l'existence de deux, ou plusieurs, ou même d'un nombre indéfini de substances *ejusdem naturae sive attributi,* telles que Leibnitz les a définies et distinguées par leurs modes seulement. La question n'y est pas même touchée en ce qui concerne la multiplication numérique possible des objets identiques.

Mais la nécessité de discuter d'après la méthode de Spinoza nous a contraint de nous arrêter dans la proposition 5 de l'Éthique à l'endroit où se place une disjonction logique vicieuse. Il faut maintenant que nous suivions le raisonnement jusqu'au bout et que nous nous rendions compte de l'usage que le philosophe fait de l'alternative qu'il a posée. Cela nous permettra de remonter jusqu'au vrai principe et au vrai postulat de toute sa doctrine, qui est constituée par deux définitions. La proposition que nous examinons se continue en ces termes, qui se rapportent aux deux cas de distinction, les seuls possibles selon lui, entre des substances :

« Si tantum ex diversitate attributorum, concedetur ergo non dari nisi unam (substantiam) ejusdem attributi ». C'est à ce *concedetur* que Malebranche s'arrêtait, comme on l'a vu plus haut, pour réclamer l'individualité des parties de la substance matérielle et que nous avons généralisée en l'étendant à la distinction *solo numero*. — Passons à l'autre membre de la disjonction.

« At si ex diversitate affectionum, cum substantia sit prior natura suis affectionibus *(per prop. 1)*, depositis ergo affectionibus, et in se considerata, non poterit concipi, ab alia distingui, hoc est (per prop. praeced.) non poterunt dari plures sed tantum una Q. E. D. »

La proposition 1 à laquelle nous sommes renvoyés, nous renvoie à son tour aux définitions 3 et 4 qui ne sont autres que celles de la *substance* et de l'*attribut*, ci-dessus rapportées. Or, des définitions ne sont pas des preuves. Il s'agirait donc de prouver que cette substance, *prior naturâ suis affectionibus*, existe et d'en expliquer la nature. C'est bien ce que fait Spinoza mais par des définitions encore et qui ne sont rien de moins que la définition de la *causa sui* et la définition de Dieu. On ne remarque peut-être pas assez d'ordinaire que la méthode de démonstration de l'Éthique est semblable, en cela aussi, à celle des géomètres à savoir que toute sa construction tombe si on lui dénie ses définitions et ses postulats.

La première définition est l'énoncé et implique la vérité de la célèbre démonstration de Dieu de saint Anselme : Spinoza lui donne la forme d'une définition de la *causa sui* : « *Id cujus essentia involvit existentiam, sive id cujus natura non potest concipi nisi existens* ». Mais cette idée de l'impossibilité qu'une certaine conception n'implique pas l'existence de son objet, ce n'est encore qu'une idée et qu'une conception, et il reste à prouver qu'elle-même implique son objet !

Et la définition dernière *(def. 6)* est celle de cette même *causa sui,* qui est aussi la substance : « *Per Deum intelligo ens absolute infinitum,* hoc est *substantiam constantem infinitis attributis quorum unumquodque* aeternam et infinitam essentiam exprimit ». L'unité de substance que Spinoza voudra démontrer tout à l'heure est déjà supposée par cette définition. L'infinité de la substance l'est également quoique la possibilité de l'être infini en acte ne soit pas démontrée et ne soit pas même intelligible, non plus que l'infinité de ses attributs. Et, quand Spinoza arrive aux propositions formelles, il recourt, pour les démontrer, à ses définitions et à ses axiomes. On peut s'en assurer notamment aux propositions V, VI, VII, XI, XVI, XVII. Il paraît tenir ses définitions pour inséparables de la réalité de leurs objets.

La vaste construction synthétique de l'*Éthique* n'a certainement pas dû à son appareil logique la séduction que sa doctrine a exercée sur de grands esprits. Ils ont admiré l'édifice sans prendre la peine d'en vérifier les fondements rationnels. Ce qui les a conquis, c'est l'intensité du sentiment quand ils se sont trouvés eux-mêmes disposés à sentir, pour ainsi dire, le monde comme le contemplait le philosophe de l'unité absolue réelle. La notion de substance, telle qu'elle avait régné jusqu'à lui, ne subissait pas seulement, par son œuvre, le changement que dénote le passage du multiple à l'un dans une chose conçue dont la définition reste la même, — car elle restait bien la même, et c'est un point remarquable — elle s'appliquait, comme nous l'avons vu, à des choses distinctes, ou individuelles, ou collectives, plus ou moins aptes à justifier le caractère de *l'en soi.* Cependant, une fois le *id quod in se est* passé au singulier absolu, il fallait qu'on ne reconnût plus rien au monde que des propriétés du monde lui-même, indivisible malgré les apparences, et dans lequel les effets et les causes ne se distinguent pas réellement de ces mêmes propriétés toutes nécessaires et indissolubles. Le sentiment et l'amour de ce Dieu-Monde sans personnalité constituent le véritable esprit du spinosisme.

Leibnitz remplaça la doctrine de l'unité de substance à laquelle Spinoza avait fait aboutir les éléments de tradition thomiste du cartésianisme, par la doctrine de la multiplicité infinie des substances. Il fixa métaphysiquement ainsi la notion que Descartes et Malebranche n'avaient pu déterminer par rapport à l'étendue, d'un côté, à l'esprit et aux âmes, de l'autre, de manière à expliquer leur union. En même temps qu'il définissait de cette manière l'être individuel que la théorie déduite du *Cogito* avait, il est vrai, sauvegardée, mais non pas définie, par rapport à l'idée universelle de l'esprit, il reconnut à toute substance simple l'attribut unique dont on peut vraiment dire, — et non point de l'étendue, — que *per se concipitur et conceptus ejus non indiget conceptu alterius rei a quo formari debeat*. Il définit enfin cet attribut unique par les traits universels, caractéristiques de la conscience à tous ses degrés de distinction et de clarté, des plus faibles et des plus limités aux plus élevés et aux plus compréhensifs (*vis interna, perceptio, appetitus*). Leibnitz satisfait par cette doctrine à la condition de définir *l'unité formelle* des substances, cette *forme* des scolastiques, dont tous, à l'exception de Scot et de ses disciples, avaient peine à tirer des théories qui n'absorbassent pas l'individuel dans l'universel. Il donna le premier cette définition de l'individu que réclamaient les adversaires de Scot et pour laquelle le docteur subtil semblait n'offrir que le terme abstrait de *l'hœccéité*.

Leibnitz admet, dans le système de l'infinité des substances, la Personne divine, comme Monade suprême et Providence universelle et Création. Si, par son explication du plan de la création, et par sa doctrine de l'éternité et des infinis, par son déterminisme absolu enfin, déguisé sous le terme de nécessité morale, il s'est néanmoins rapproché beaucoup du spinosisme, — c'est une question qu'il n'est pas de notre sujet d'examiner.

Nous avons donc le droit de conclure que la doctrine de Leibnitz termina ce qu'on peut appeler en philosophie le cycle cartésien par la définition idéaliste et multitudinaire de la substance qui avait été étrangère, jusqu'à ce moment, à la spéculation. C'est, quand on la considère, de ce point de vue, que cette doctrine prend une place si importante dans l'histoire de la philosophie. Elle est une vision nouvelle, originale et profonde, de l'homme et des choses. C'est de la définition idéaliste de la substance que procèdent toutes les grandes idées qui composent le système. Et, comme le dit très justement M. Boutroux : « Le détail, chez Leibnitz, n'est pas moins important que l'ensemble. Richesse en même temps qu'harmonie, tel est le caractère de son œuvre, comme de la nature des choses telle qu'il la conçoit. Et, si le système de Descartes a été le point de départ immédiat de sa philosophie, les racines véritables de cette philosophie, nourries du suc de tous les grands systèmes anciens et modernes, plongent bien plus avant dans le sol de la pensée humaine... Elle fait partie de cette *perennis philosophia*, où la saine raison se reconnaîtra éternellement[1]. »

[1]. Émile Boutroux, *Notice sur la vie et la philosophie de Leibnitz* (*La Monadologie*, Paris, Ch. Delagrave).

CHAPITRE III

HISTOIRE DE LA NOTION DE SUBSTANCE : LA SUBSTANCE EXTÉRIEURE. — MATÉRIALISME ET IDÉALISME.

La relation du sujet à ses qualités ou modes est une notion logique essentielle à la pensée. Elle est encore le fait d'expérience constant et universel de l'apparence des choses en leurs états et changements les unes par rapport aux autres et pour nos perceptions. Il est donc naturel que nous usions de cette notion générale, l'imagination et l'induction aidant, pour prêter des sujets de notre invention aux phénomènes, là ou la connaissance des sujets réels nous est dérobée, quand, par exemple, les sièges des actions sont trop profonds et hors de portée de nos sens, et encore quand les sujets sont immatériels. L'exemple le plus topique de cette déviation familière de l'esprit humain nous est donné par la plus ancienne et commune fiction de substance : nous voulons dire la fiction de *l'âme* en qualité de corps subtil, sorte de compromis imaginé entre la pensée, pour laquelle on voudrait un sujet sensible et qui n'en a point de tel — et le corps, que l'on suppose assez fluide et léger pour être insensible en conservant au fond les propriétés de la matière. Les philosophes sont loin d'avoir toujours été à l'abri de cette erreur populaire; c'est ainsi qu'on peut expliquer que, après la vulgarisation de la méthode de Descartes, dont le véritable esprit consistait à faire de la pensée son propre sujet, un disciple, d'abord intelligent et dévoué à ce qu'il paraissait, s'avisa tout d'un coup de remarquer que la pensée pourrait aussi bien avoir pour sujet la *substance corporelle :*

« Pour ce qui est de la nature des choses, *rien n'empêche,* ce semble, que l'esprit ne puisse être ou une substance, ou un certain mode de la substance corporelle. Ou, si nous voulons suivre le sentiment de quelques nouveaux philosophes, qui disent que l'étendue et la pensée sont des attributs *qui sont en de certaines substances,* comme dans leurs propres sujets, puisque ces attributs ne sont point opposés, mais simplement divers, *je ne vois pas que rien puisse empêcher* que l'Esprit, ou la Pensée, ne puisse être un attribut qui convienne à un même sujet que l'Étendue, quoique la notion de l'un ne soit pas comprise dans la notion de l'autre : Dont la raison est que tout ce que nous pouvons concevoir peut aussi être : Or, est-il que l'on peut concevoir que l'esprit humain soit quelqu'une de ces choses, car il n'y a en cela aucune contradiction : et partant il en peut-être quelqu'une.

« C'est pourquoi ceux-là se trompent, qui soutiennent que nous concevons clairement et distinctement l'Esprit humain comme une chose qui *actuellement* et par nécessité est distincte réellement du corps[1]. »

Tout l'argument ainsi formulé par un dissident de la méthode cartésienne est, on le voit, fondé sur la distinction entre la pensée et le sujet de la pensée. Aussi la défense de Descartes revint-elle essentiellement à la négation de cette distinction, négation très nette dans un passage de ses *Lettres* où il se reconnaît dans ces mots de l'auteur des thèses : *si*

---

1. *Explication de l'Esprit humain ou de l'Ame raisonnable, où il est montré ce qu'elle est et ce qu'elle peut être.* — Thèses affichées à Utrecht par H. Regius (Leroy), professeur à l'université (V. *Lettres de M. Descartes*, t. I, l. 99)

nous voulons suivre le sentiment de quelques nouveaux philosophes : « C'est de moi, dit-il[1], qu'il (Regius) entend parler ; car je suis le premier qui ai considéré la Pensée, comme le principal attribut de la substance incorporelle, et l'Étendue comme le principal attribut de la substance corporelle ; *mais je n'ai pas dit que ces attributs étaient en ces substances comme en des sujets différents d'eux...* J'ai considéré la Pensée et l'Étendue comme les principaux attributs des substances où elles résident, mais au sens qu'on le prend d'ordinaire et quand, par ce mot d'Attribut on entend *une chose qui est immuable et inséparable de l'essence de son sujet, comme celle qui la constitue.* » La *chose qui constitue l'essence du sujet*, et qui est immuable, est la chose même, autant qu'il est possible de la définir, et ne laisse place hors d'elle que pour une abstraction (à moins que l'on n'admette l'individuation qui multiplie les substances). C'est en ce sens que nous avons interprété plus haut la notion cartésienne de substance. Mais nous devons reconnaître que, faute, pour Descartes, d'avoir assez fortement déclaré ou expliqué le caractère nominaliste de sa doctrine, touchant la question des universaux, la notion de substance, telle qu'elle ressortait de la réforme de la méthode, après l'abandon des formes substantielles, laissait place, dans l'esprit du plus grand nombre, pour cette question : Qu'est-ce que ce sujet qu'on imagine placé sous la Pensée, ou placé sous l'Étendue ? Pourquoi l'un des deux, à choisir, ne serait-il pas aussi bien celui de l'autre, puisqu'on ne connaît ni l'un ni l'autre ?

Pour les philosophes qui, à dater de ce moment, arriveraient à se pénétrer de cette vérité, que la pensée de l'étendue est une pensée, que, par conséquent, l'éten-

---

1. *Lettres de M. Descartes*, t. I, p. 440. Édit. de 1667.

due, *pour la connaissance,* suppose la pensée, et qu'en fait toutes les sensations qui nous font percevoir la matière sont des modes de pensée, ou en supposent, pour ceux-là la voie vers l'idéalisme était tracée. Mais, pour ceux que la puissance d'objectivation des qualités sensibles dominait et qui ne pesaient point assez les arguments cartésiens, le matérialisme devait s'imposer. Le corps, en effet, sujet sensible des phénomènes, devait nécessairement apparaître à ces philosophes comme la cause suffisante des faits mentaux.

Le matérialisme avait déjà marqué, et d'une façon plus nette, son opposition au principe de la philosophie de Descartes. Hobbes auteur des *troisièmes objections* contre ses *méditations métaphysiques* avait écrit : « Il est très certain que la connaissance de cette proposition : J'existe dépend de celle-ci : Je pense, comme il (l'auteur) nous a fort bien enseigné. Mais d'où nous vient la connaissance de celle-ci : *Je pense?* Certes ce n'est point d'autre chose, que de ce que nous ne pouvons concevoir aucun acte sans son sujet, comme la pensée sans une chose qui pense, la science sans une chose qui sache, et la promenade sans une chose qui se promène.

« Et de là, il semble suivre qu'une chose qui pense est quelque chose de corporel, car les sujets de tous les actes semblent être seulement entendus sous une raison corporelle, ou sous une raison de matière... Et partant, puisque la connaissance de cette proposition : *J'existe* dépend de la connaissance de celle-ci : *Je pense,* et la connaissance de celle-ci, de ce que nous ne pouvons séparer la pensée d'une matière qui pense, il semble qu'on doit plutôt inférer qu'une chose qui pense est matérielle qu'immatérielle. »

Ce que cette objection, remarquablement nette, a de plus frappant, en ce qui touche la notion de substance, c'est que son auteur, nominaliste radical, comme on sait, n'accepte pas la supposition du sujet de la pensée comme ayant une signification, si ce n'est que le sujet soit aussi une *chose*, non pas nominalement, mais empiriquement donnée. Nous le voyons passer immédiatement de l'idée de substance, ou matière in abstracto, à l'idée de matière sensible ou corps. Il admet pleinement le concept de substance et, n'imaginant pas que l'être pensant puisse être son propre sujet, il imite, mais en connaissance de cause, les hommes qui, de tout temps, ont prêté des corps subtils aux âmes, seule manière qui fût à leur portée, de concevoir des *sujets animiques*. Descartes, répond au point principal de l'objection de Hobbes, en lui opposant « des substances, ou, si vous voulez, dit-il, des matières métaphysiques » qui sont les sujets de ce qui diffère entièrement de la matière. Ce langage ne lui est pas accoutumé dans ses écrits ; peut-être ne tient-il pas tant à approfondir la question qu'à se débarrasser des objections d'un étranger légèrement impertinent.

Il n'est pas sans intérêt, pour notre question, de prendre un aperçu de la manière originale dont Hobbes, en sa *Philosophia prima*, conçoit la substance, ou la matière, et comprend sa relation avec les représentations sensibles et intellectuelles, qu'il ne laisse pas de considérer, d'autre part, d'un point de vue curieusement phénoméniste. C'est là, qu'après Bacon, mais d'une façon bien plus savante et systématique, nous trouvons le commencement d'un double caractère que n'a cessé de nous offrir la philosophie anglaise chez ses principaux maîtres : l'alliance d'un certain matérialisme fondamental avec des tendances phénoménistes plus ou moins accusées.

Et d'abord, Hobbes part d'une définition de la philosophie qui en identifie déjà la materia (sive subjectum) avec la *materia* rerum ipsarum seu *omne corpus*. « Subjectum philosophiae sive materia circa quam versatur est corpus omne cujus generatio aliqua concipi et cujus comparatio secundum ullam ejus considerationem institui potest ; sive in quibus compositio et resolutio locum habet, id est omne corpus quod generari vel aliquam habere proprietatem intelligi potest. » Cette définition est tout l'inverse de ce qu'on devait appeler un jour une *critique de la connaissance*. Pour nous mener cependant à une analyse des notions renfermées dans l'idée confuse de cet *omne corpus,* et, de là, à la définition du *subjectum,* Hobbes nous engage à supposer le monde, avec tout ce qu'il contient, anéanti : doctrinae naturalis exordium a privatione, sive a ficta universi sublatione capiemus. Quaeret fortasse aliquis quid reliquum esset de quo homo aliquis (quem ab hoc universo rerum interitu unicum excipimus) philosophari vel omnino ratiocinari vel cui rei nomen aliquod ratiocinandi causa imponere posset.

« Dico igitur remansuras illi homini mundi et corporum omnium quae ante sublationem eorum oculis aspexerat, vel aliis sensibus perceperat, ideas, id est memoriam imaginationemque magnitudinum, motuum, sonorum, colorum, etc., atque etiam eorum ordinis et partium quae omnia, etsi ideae tantum et phantasmata sint, ipsi imaginanti interne accidentia, nihilominus tanquam externa et a virtute animo minime dependentia apparitura esse. His itaque nomina imponeret, haec subtraheret et componeret. Cum enim caeteris rebus destructis manere tamen hominem illum, nimirum cogitare, imaginari et meminisse supposuerimus, aliud quod cogitet praeterquam quae praeterita sunt, nihil est ; imo vero si ad ea quae ratiocinando facimus animum diligenter adverterimus, *ne stantibus quidem rebus aliud computamus quam phantasmata nostra* ; non enim si caeli aut terrae magnitudines motusque computamus, in coelum ascendimus ut ipsum in partes dividamus aut motus ejus mensuremus, sed quieti in musaeo vel in tenebris id facimus. Possunt autem considerari, id est in rationes venire duplici nomine, nimirum ut accidentia animi interna, quemadmodum considerantur quando agitur de facultatibus animi, vel ut species rerum externarum, id est tanquam non existentes, sed *existere, sive extra stare apparentes,* quomodo nunc consideranda sunt[1]. »

Après cette introduction singulièrement idéaliste, continuant dans le même esprit, et se demandant ce que c'est qui reste encore, et qui ne se peut aliéner de notre représentation, quand nous supposons l'annihilation du monde sensible, Hobbes est conduit à la définition de l'espace extériorité pure, *merum phantasma* : « *phantasma rei existentis, quantum existentis,* id est nullo alio ejus rei accidente praeter quam quod apparet extra imaginantem ». Il passe à une définition du temps, tirée de l'apparence du mouvement, et assez semblable à celle d'Aristote : « *Phantasma motus quatenus in motu imaginamur prius et posterius sive successionem.* » Il s'explique, à propos de ces notions et de celles de l'unité, de la division et du nombre, sur l'idée de l'infini, et se prononce correctement pour l'incompatibilité des idées d'unité et de tout avec l'idée de l'*indéfini,* sens réel unique de ce qu'on appelle *infini.*

Il s'agit de revenir des *phantasmata* aux *realia.* Hobbes suppose de nouveau créées les choses qu'il a supposées anéanties. Elles exigent des lieux, parties de l'espace avec lequel elles coïncident et sont coextensives, et il y a là quelque chose alors « quod ab imaginatione nostra non dependet. Hoc autem ipsum est quod appellari solet, propter extensionem quidem, *Corpus,* propter in-

---

1. Hobbes, *Philosophia prima,* pars II, cap 7.

dependentiam autem a nostra cogitatione, *subsistens per se*, et propterea quod extra nos subsistit, *existens* ; denique quia sub spatio imaginario substerni et supponi videtur, ut non sensibus sed ratione tamtum aliquid ibi esse intelligatur, *Suppositum* et *Subjectum*. Itaque definitio corporis hujusmodi est : *Corpus est quicquid non dependens a nostra cogitatione cum spatii parte aliqua coincidit vel coextenditur*[1]. »

Nous avons ici la définition de la substance, encore que le nom n'en soit pas employé : à savoir de *quelque chose* qui serait, sous divers rapports, le corps (comme étendue), le *subsistant en soi* (comme indépendant de notre pensée), l'existant (comme donné hors de nous) et le sujet (comme compris par la raison, non perçu par les sens, en tant que situé sous l'espace imaginaire). C'est en somme le corps sous tous ces aspects. Le mode de le concevoir est, en lui, *l'accident,* et si cet accident est celui à raison duquel on lui donne un nom, qui désigne son sujet, alors, on le nomme son *essence,* ou sa *forme,* si c'est de l'essence, comme engendrée, qu'il s'agit. Enfin, cette materia communis omnium rerum, la *materia prima,* comme la nomment les suivants d'Aristote, n'est, ni distincte des autres corps, ni l'un d'eux. « Est ergo materia prima corpus universale, id est, corpus consideratum universaliter, cujus non est forma nulla et accidens nullum, sed in quo forma et accidentia praeter quantitatem nulla considerantur, id est in argumentationem non adhibentur[2]. » En définitive, la substance est, pour Hobbes, le nom abstrait du corps, un mot pour le pur nominaliste, et la matière demeure son propre sujet, exclusivement définie par l'étendue et le mouvement.

Dès qu'il est en possession de ce sujet, bien qu'établi

1. Hobbes, *ibid.*, cap. 8, 1.
2. Id., *ibid.*, cap. 8, 24.

sur la foi des *phantasmata*, Hobbes en fait le générateur universel : la *potentia activa* réside en lui, tout changement est l'effet nécessaire du mouvement de ses parties ; *agere et pati* se disent de lui selon que quelque chose est engendré ou détruit. Il est cause en général, ou *simpliciter*, toutes les fois que, les conditions de l'action existant, l'effet se produit nécessairement. Les phénomènes sensibles et intellectuels, les *phantasmata*, n'ont point ailleurs leur origine : « Sensio est ab organi sensorii conatu ad extra, qui generatur a conatu ab objecto versus interna, eoque aliquandiu manente per reactionem factum phantasma. » L'imagination et la mémoire sont des *phantasmata* affaiblis, avec une simple différence dans la représentation qui peut être actuelle ou reportée à un moment antérieur. Enfin : « Ortus perpetuus tum sentientibus, tum cogitantibus phantasmatum, id ipsum est quod appellari solet animi discursus ; et communis est hominibus cum brutis. » Ce ne sont jamais que perceptions de ressemblances ou de différences, à la suite desquelles se produisent, chez l'animal, modo *appetitus*, modo *fuga* et diverses passions. L'acte peut ne s'ensuivre pas toujours immédiatement, mais, « manente illa appetitus et fugae alternatione, fit series cogitationum quae dicitur *deliberatio*... Si praecesserit deliberatio, tunc ultimus in ea actus appellatur, si appetitus sit, *velle*, sive *volitio* ; si fuga, *nolle*[1]. »

Le cercle évident de ce système résulte de la conviction empirique à priori de l'existence du corps universel, substance *sine supposito*, ce qui supprime la question métaphysique de la substance. Cet être unique est, par ses propriétés, la cause des *phantasmata* qui nous le révèlent. Comment cela se fait-il ? Quel est

---

1. Hobbes, *ibid*, pars IV, cap. 25.

le rapport entre ces deux aspects des choses? C'est, aux yeux de Hobbes, le fait, et il prend, pour ses données, les êtres organisés sans essayer de combler l'intervalle entre le mouvement du corps et le phantasma; c'est l'animal qui sent, dit-il, et non par l'organe. Et pourquoi les phénomènes premiers, en ordre logique, — ou les seuls réels — ne seraient-ils pas ceux que son système place les seconds, après les avoir d'abord présentés en premier sous un nom qui tend à les faire passer pour des illusions? C'est la question qui se posera aux malebranchistes anglais et à Berkeley.

Le hobbisme, en métaphysique, est donc une doctrine d'unité de la substance, comme un spinosisme où l'on élaguerait, de la substance, l'essence divine, parce qu'elle échappe à l'intelligence, et la Pensée, parce qu'elle est, non pas un attribut essentiel, mais un accident.

Locke, premier auteur d'une critique de la substance, n'était nullement exempt de ce qu'on peut appeler le préjugé de la substance, c'est-à-dire de la disposition à admettre que, sous des qualités données, on peut imaginer, sans qu'il y ait à cela rien d'illogique, un substratum qui serait, sinon quelque chose de parfaitement inconnu, quelque chose du moins dont l'idée serait sans aucun rapport avec les qualités définies auxquelles, on le suppose, elle pourrait servir de substratum. Rapprochons en effet deux passages de l'Essai sur l'entendement. Ils sont l'un et l'autre bien connus.

« Ceux qui les premiers se sont avisés de regarder les accidents comme une espèce d'êtres réels qui ont besoin de quelque chose à quoi ils sont attachés, ont été contraints d'inventer le mot de *substance* pour servir de soutien aux accidents. Si un pauvre philosophe indien qui s'imagine que la terre a aussi besoin de quelque appui, se fût avisé seulement du mot de *substance,* il n'aurait pas eu besoin de chercher un éléphant pour soutenir la terre, et une tortue pour soutenir son éléphant, etc. » — Et ailleurs, dans le même sens de critique négative, Locke remarque que le mot substance « n'emporte à notre égard qu'un certain sujet indéterminé, que nous ne connaissons point, c'est-à-dire quelque chose dont nous n'avons aucune idée particulière distincte et positive, mais que nous regardons comme le substratum des idées que nous connaissons »; et enfin que, « quelle que soit la nature abstraite de la substance en général, toutes les idées que nous avons des espèces particulières et distinctes des substances ne sont autre chose que différentes combinaisons d'idées simples qui coexistent par une union, à nous inconnue, qui en fait un tout existant par lui-même[1]. » Nous allons voir maintenant le même philosophe faire usage de la notion de substance dans le même sens avec les mêmes défauts par lui signalés, les plus choquants dans l'espèce :

« Nous avons des idées de la matière et de la pensée, mais peut-être ne serons-nous jamais en état de connaître si un être purement matériel pense ou non, par la raison qu'il nous est impossible de découvrir, par la contemplation de nos propres idées, sans révélation, si Dieu n'a point donné à quelques amas disposés comme il le trouve à propos, la puissance d'apercevoir et de penser, ou s'il a joint et uni à la matière ainsi disposée une substance immatérielle qui pense. Car, par rapport à nos notions, il ne nous est pas plus malaisé de concevoir que Dieu peut, s'il lui plaît, ajouter à notre idée de la matière la faculté de penser

---

1. *Essai sur l'entendement,* I, III, 18; II, XIII, 19 et XXIII, 4.

que de comprendre qu'il y joigne une autre substance, puisque nous ignorons en quoi consiste la pensée et à quelle espèce de substances cet Être tout-puissant a trouvé à propos d'accorder cette puissance qui ne saurait être, dans aucun être créé, qu'en vertu du bon plaisir et de la bonté du Créateur, quoique j'aie prouvé, si je ne me trompe (t. IX, ch. 10), que c'est une parfaite contradiction de supposer que la matière, qui, de sa nature, est évidemment destituée de sentiment et de pensée, puisse être ce premier être pensant qui existe de toute éternité[1]. »

Locke a-t-il oublié la fable de l'éléphant qui est porté par la tortue, qui aurait besoin d'être portée par quelque autre animal ? Il ne fait pourtant pas autre chose que de chercher la substance en ce sens dérisoire. Il se demande si la matière ne pourrait pas être le *suppositum* des qualités de l'intelligence, alors que lui-même n'estime pas la chose naturellement possible et qu'il recourt à la puissance divine pour nous en faire accepter la possibilité ? Pourquoi l'être, qu'il appelle *purement matériel*, n'aurait-il pas besoin d'un support, à son tour, puisque nous ne connaissons, de lui non plus, que les qualités ? Et si la substance doit être considérée comme une *combinaison d'idées simples coexistantes par une union à nous inconnue qui en fait un tout existant par lui-même*, quelle chimère, de nous mettre à la poursuite du *substratum indéterminé* dont nous n'avons aucune idée !

La méthode de constituer la substance par la combinaison de quelques idées essentielles et cohérentes entre elles, est celle que Descartes avait substituée à la théorie des formes substantielles; Locke propose, inversement, de faire sortir les qualités d'une chose, la

---

1. *Essai sur l'entendement*, IV, III, 6.

pensée, des qualités d'une autre chose, la matière, qui en a de toutes différentes, et, comme il n'en aperçoit pas le moyen, il s'adresse, pour ce faire, à Dieu qu'on a coutume, en effet, d'invoquer pour expliquer certaines opérations qui, sans son intervention, seraient inexplicables. Mais ce n'est plus de la philosophie.

Dans la période qui suivit, en Angleterre, la publication de l'*Essai* de Locke, un certain nombre de penseurs s'attachèrent à l'hypothèse de la substance matérielle comme support naturel des propriétés intellectives. Anthony Collins, notamment, en une polémique avec Clarke, donna suite à l'idée indiquée par Locke, suivant laquelle la pensée pourrait naître des dispositions spéciales données aux parties de la matière. Clarke soutenait que les parties ayant des propriétés semblables entre elles, et qui sont celles de leurs composés ne peuvent, par leur union, en former de toutes différentes, et Collins répondait qu'il en est ainsi, sans doute, des parties qu'il nommait, pour cette raison, *génériques,* mais non pas des parties simplement *numériques,* lesquelles peuvent, grâce au mouvement qui les agite et les compose, présenter des propriétés nouvelles : « Le sentiment intérieur pourrait donc être considéré sous l'idée d'une modification de mouvement comme la rondeur est une modification de la figure. » Une telle hypothèse, vide et arbitraire, ne faisait pas avancer la question, ne la touchait même pas. Clarke, de son côté, ne définissait pas la substance, et son adversaire le lui faisait observer. Au contraire, la question s'apprêtait à faire un grand pas par l'œuvre des penseurs, qui ne la définissaient pas non plus, il est vrai, mais qui s'efforçaient de démontrer que la matière ne saurait en être une.

Les malebranchistes anglais, qui remplacèrent la

perception externe par la *vision en Dieu,* d'autres philosophes du même pays qui continuèrent la théorie des phantasmata de Hobbes en combattant la méthode des notions générales, et, par suite, la notion de substance, se trouvaient d'accord pour mettre en doute, si ce n'est pour nier l'extériorité réelle des phénomènes, en tout cas, pour la déclarer indémontrable. La réalité de la matière ne laissait pas de conserver toute sa force, en tant qu'inhérente à la réalité du monde extérieur selon l'idée qu'on se faisait et de la matière et du monde. On ne songeait pas à la possibilité de considérer comme des phénomènes internes les phénomènes sensibles, les qualités dites primaires de la matière, et d'admettre l'existence d'un monde extérieur qui restait à définir — un monde dans lequel des substances réelles pouvaient être données en relation avec la pensée et la vie. De même qu'on avait à peu près ignoré, en Angleterre, la méthode cartésienne fondée sur la primauté logique de l'être conscient et pensant, de même on demeurait et on devait demeurer toujours étranger à la doctrine, alors récemment divulguée, il est vrai, de la monadologie leibnitienne, révélation du sens réel et profond de la substantialité.

L'œuvre admirable de Berkeley est la constitution de l'*immatérialisme,* que nous pouvons nommer, à notre point de vue, l'exclusion de la matière du titre de substance. Il faut avoir soin d'ajouter que la matière dont il s'agit n'est point le sujet extérieur sensible, le monde matériel dans l'acception du sens commun, mais le sujet abstrait de l'étendue et des qualités sensibles réalisées, c'est-à-dire définies comme elles le sont pour la géométrie et la mécanique, qui, toutefois, considérées en soi, forment une substance.

Cela posé, on peut se demander : quelle idée se faisait donc Berkeley d'une substance ? Si nous cherchons sa pensée dans un premier jet de son génie, dans certaines notes d'écolier où il prend souvent Locke à partie, et relève ses hésitations et ses contradictions sur la signification de la substance, nous lisons : « Le philosophique *nec quid, nec quantum, nec quale* dont je n'ai nulle idée, je l'écarte, si l'on peut dire qu'on écarte ce qui n'a jamais été, et non pas même imaginé ou conçu ». Ailleurs : « La substance d'un esprit est cela qui agit, cause, veut, opère, ou, si vous voulez, pour éviter la chicane sur le mot *cela*, c'est agir, causer, vouloir, opérer. La substance n'est pas connaissable n'étant pas une idée[1] ». Berkeley réservait exclusivement le nom d'*idée* à la représentation sensible. On voit par ces brèves indications, que devaient confirmer ses œuvres, comment il entendait, de la notion de l'esprit, retrancher l'idée *réaliste* de la substance. Et, quant à l'idée de la matière, la thèse de l'immatérialisme supprimait le sujet matériel lui-même et le faisait passer dans l'immatériel. Eclaircissons ces deux points, le second, tout d'abord.

L'argumentation de Berkeley se réduit essentiellement : — 1° à démontrer l'identité de *l'esse* et du *percipi* en ce qui concerne les qualités dites secondaires de la matière, sur ce principe que *les choses proprement sensibles sont celles-là seules que nous apercevons immédiatement*, d'où ressort le fait qu'elles n'appartiennent pas à une matière extérieurement sensible, mais qu'elles sont des perceptions données aux esprits, et ne sont pas autre chose quant à l'existence ; — 2° à étendre la même proposition aux qualités dites primaires, etendue, solidité, figure, mouvement, en établissant le caractère toujours relatif et variable des perceptions de ces qualités par les animaux et les hommes, d'où

---

1. Berkeley, *Common-place Book*, dans le tome IV des *Œuvres*. Éd. Fraser.

résulte l'impossibilité de les tenir pour des données *entitatives*, fixes là où elles apparaissent. Ces démonstrations sont d'une lucidité parfaite et concluent très justement à l'immatérialisme, c'est-à-dire à la négation de la réalité externe de la matière définie par les notions géométriques et mécaniques, mais elles n'atteignent pas la possibilité d'une matière en soi dont les qualités seraient de la nature des propriétés des êtres pensants et dont les modifications propres, insensibles pour nous, seraient en rapport avec les perceptions de ces derniers. C'est une question à laquelle Berkeley ne touche pas, quoiqu'il ne la pût récuser. Ainsi, en rapportant les qualités et leurs perceptions, directement et exclusivement, à l'esprit divin et à l'action divine qui nous en donneraient la communication selon les rencontres de nos libres modifications internes ou spirituelles, il nie arbitrairement l'existence du monde extérieur, dans l'acception universellement reçue de ce mot, qu'il se flattait cependant de ne pas nier.

Passons à la notion des substances spirituelles. « Un esprit est un être actif, simple, sans division. On l'appelle *entendement* comme percevant les idées, *volonté* comme les produisant. Il ne peut pas exister de l'*âme*, ou de l'*esprit*, une *idée* ; car les idées sont passives... L'esprit, ou ce qui agit, ne peut être perçu par lui-même, mais seulement par ses effets... Les mots volonté, entendement, âme, esprit, ne se rapportent pas à différentes idées, mais à quelque chose qui, en qualité d'agent, ne peut être représenté par aucune. Il faut avouer cependant que nous en avons des notions : des notions de l'âme, de l'esprit et de ses opérations, telles que vouloir, aimer, haïr, puisque nous comprenons la signification de ces mots[1]. » Berkeley accepte ici le

---

[1]. Berkeley, *Des principes de la connaissance humaine*, § 27.

terme de *notion* pour suppléer aux emplois auxquels il a toujours refusé le nom d'*idée*. On ne saurait dire pour cela qu'il reconnaît des universaux *a parte rei* sous ces notions, ce serait une contradiction flagrante à la thèse nominaliste, qui est bien la sienne, et dont David Hume devait lui faire honneur « comme une des plus importantes et des plus grandes découvertes qui eussent été faites, en ces dernières années, dans la république des lettres »[1]. Que pouvait donc entendre Berkeley par ce terme de notion, lui qui n'avait pas de scrupule à se servir du terme substance. Nous croyons que ce philosophe, qui avait écrit, pendant sa jeunesse, des pensées comme celles-ci : — « L'existence même des idées constitue l'âme » ; — « Je dois renfermer entendement et volonté dans le mot Esprit, par lequel je signifie tout ce qui est actif » ; « Je ne dois pas donner à l'âme ou esprit le nom scolastique d'acte pur, mais plutôt de pur esprit ou être actif » ; — et enfin : « Toutes les choses par nous concevables sont 1° des pensées, 2° des pouvoirs de recevoir des pensées, 3° des pouvoirs de causer des pensées » ; nous croyons que ce philosophe n'avait nullement changé au fond sa conception générale philosophique, mais que, n'osant pas la présenter au public avec cette verdeur, il ne se rendait pas compte non plus, aussi clairement que Leibnitz, de ce mode constitutif de la *substance simple* qui consiste à l'identi-

---

1. Hume, *Traité de la nature humaine*, 1re partie, § VII. — La reconnaissance des *notions* en qualité de concepts rationnels formés par l'esprit à l'occasion de la perception des phénomènes sensibles, au spectacle de la nature, œuvre divine, devint définitive chez Berkeley, et il devait en développer les vues platoniciennes en sa *Siris*, mais la *Siris* ne fut publiée qu'en 1744, et le *Traité de la nature humaine* de Hume avait paru en 1737. Au reste, ce progrès de la pensée de Berkeley ne fut que le passage d'un nominalisme radical, excessif, à un conceptualisme qui n'était pas moins opposé aux entités abstraites. V. *Siris*, §§ 150-154 et 308, et la belle étude de M. George Lyon, *L'idéalisme en Angleterre au XVIIIe siècle*, p. 356 et sq

fier avec l'être défini par quelques qualités fondamentales et indissolubles.

Il est à peine besoin de remarquer que l'établissement d'une semblable théorie était rendu plus difficile à Berkeley par ce fait que, réduisant le monde de la matière et de la vie aux pures perceptions des esprits, il n'avait, pour substances simples, que les esprits et Dieu. Dès lors, il ne pouvait plus rendre compte des substances composées, qui sont, pour Leibnitz, les agrégats de monades qui constituent la nature. Au demeurant, on aurait pu dire avec vérité que, gardant le nom de *substance,* il substituait à la notion de substance la notion de monade. La monade de Berkeley était *perception, entendement* et *volonté,* comme on vient de voir, au lieu de *perception, appétition* et *activité spontanée,* qu'elle était pour Leibnitz. L'esprit général de la théorie, quant à la notion de substance, est des deux parts le même. La supériorité, pour la définition des attributs, nous paraît être du côté de Berkeley dont la conviction se montre partout vive et forte, dans ses œuvres, en faveur de *la volonté* et des causes libres, tandis que l'activité, chez Leibnitz, est une spontanéité toujours prédéterminée. Mais Leibnitz a, dans sa triade, une place pour *l'appétition* que Berkeley a manqué de reconnaître pour un des caractères inséparables de l'être doué de sentiment.

Si ces vues sont justes, il y aurait erreur et examen insuffisant de la question, dans le jugement ordinairement porté sur un manque de logique de Berkeley, qui n'aurait pas étendu l'application du principe de l'empirisme, qui était bien le sien, de la critique négative de la substance matérielle à celle de la substance spirituelle. Le défaut est réel, mais il n'est pas précisément celui que l'on signale. Berkeley a rejeté la fiction réaliste de la substance, mais il est sorti de son principe — avec raison assurément, pourtant sans vouloir le reconnaître[1], — quand il a admis à titre de *notions,* les idées (qu'il rejetait sous ce nom *d'idées*) de l'*esprit*, de l'*âme*, de l'*entendement*, de *la volonté*. Hume, lui, a porté à sa dernière limite l'œuvre de destruction de ces notions, il l'a complétée par une critique entièrement nouvelle de la *cause*, et il a constitué un phénoménisme rigoureusement empirique dont les admirables analyses ne pouvaient avoir pour résultat que de montrer la nécessité de reconstruire sur de nouveaux plans ce qu'elles démolissaient. Il y avait alors à remplacer définitivement la creuse hypothèse des substances abstraites et fictives des phénomènes, et à découvrir le moyen de refaire, pour la philosophie spéculative, ces synthèses que l'analyse semble défaire, mais que le penseur ne saurait renier, alors, qu'en fait, elles sont ou les choses elles-mêmes, ou l'esprit qui conçoit les choses et se conçoit lui-même.

Hume a marqué avec précision les deux points capitaux où se termine son œuvre d'analyse psychologique et qui motivent sa conclusion sceptique : « *Nous n'avons,* dit-il, *d'une substance externe, nulle idée qui soit distincte des idées de qualités particulières.* » C'est le premier point, et il ajoute, c'est le second : « Ceci doit frayer le chemin à un principe similaire concernant l'esprit : *à savoir que nous n'avons de lui nulle notion qui soit distincte des* perceptions particulières. »

« Après que j'ai délié toutes nos perceptions particulières, quand je procède à l'explication d'un principe de connexion qui les rassemble et les enchaîne, et nous permette de leur attribuer une simplicité et une identité réelles, je m'aperçois que ma théorie est très défectueuse. Si les perceptions sont des existences distinctes,

---

1. V. à ce sujet les §§ 27, 141, 142 des *Principes de la connaissance* de Berkeley, avec les changements apportés à la 2ᵉ édition anglaise par l'auteur.

elles forment un tout uniquement par leur connexion mutuelle. Mais nulles connexions entre des existences distinctes ne sauraient se découvrir à l'entendement humain. Nous *sentons* seulement une connexion ou détermination de la pensée, pour passer d'un objet à un autre. Il s'ensuit de là que la pensée seule découvre l'identité personnelle, lorsque réfléchissant à la suite des perceptions passées qui composent un esprit, les idées qu'on en a sont senties en connexion mutuelle et s'amènent naturellement les unes les autres. Si extraordinaire que cette conclusion puisse paraître, elle n'est pas faite pour nous surprendre. La plupart des philosophes sont enclins à penser que l'identité personnelle *naît* de la conscience, et la conscience n'est autre chose que la pensée réfléchie de la perception. Jusque-là cette philosophie a un aspect encourageant, mais toutes mes espérances s'évanouissent *lorsque j'essaie de découvrir les principes qui unissent nos perceptions dans notre pensée ou conscience*. Je ne puis rencontrer une théorie qui me donne satisfaction sur ce chapitre[1]. » En effet, il n'en existe aucune et, sur ce point, l'argumentation de Hume est inattaquable.

Hume ne voit pas que les « principes » qui unissent les phénomènes mentals sont les *lois* de ces phénomènes, que ce sont leurs lois qui sont leurs *connexions*, et que notre intelligence ne peut naturellement point aller au delà, notre conscience n'étant elle-même qu'une loi, celle qui établit la relation générale du sujet à l'objet, la loi de la représentation mentale. Telle est la conséquence vraie des analyses de Hume, que Hume a laissé à Auguste Comte le mérite de découvrir. Mais Comte, qui en devait principalement la découverte à ses méditations sur la méthode des sciences progressive-

---

1. Hume, *Traité de la nature humaine*, Appendice.

ment dégagées, depuis un siècle, de la vaine recherche des substances et des causes formelles, a commis la faute grave de répudier aussi l'investigation de celles des lois qui ne ressortissent pas à la mathématique. Il a par là condamné le positivisme à bannir, avec la psychologie et la métaphysique, les méthodes rationnelles, du domaine des études morales.

En dépit des efforts du positivisme, la substance, dans le sens abstrait et absolu du mot, opprime encore la plupart de ceux des esprits philosophiques qui sont restés fidèles à la vieille philosophie, et c'est le criticisme kantien qui en a la responsabilité. Kant n'a rempli que sur un point, si important soit-il, la mission, dont il a été si souvent loué, de rétablir l'apriorisme que la critique de Hume avait fortement ébranlé. L'œuvre de Kant est irréprochable et très belle dans la partie qui concerne l'entendement, le rôle des concepts dans la sensibilité, la solution définitive de la vieille question des *idées innées*. Mais, en accomplissant la défaite de l'empirisme sur ce point, il n'en a que trop suivi les errements, et ceux de Hume lui-même, en affirmant dogmatiquement et arbitrairement (en opposition avec le principe propre du criticisme) le déterminisme universel des phénomènes. On a dit qu'il rétablissait la *loi de causalité*, contre Hume, alors qu'il ne faisait que nier le principe réel de la cause, également nié par Hume, la libre volonté ! Kant est revenu au principe occulte de la substance en un sens obscur et mystique que les philosophes n'avaient pas encore connu. Il a affirmé les substances matérielles en cette étonnante pétition de principe : « Si nous ne pouvons connaître ces objets (les substances) comme choses en soi, nous pouvons du moins les penser comme tels. Autrement, on arriverait à cette absurde proposition qu'il y a *une apparence phénoménale sans qu'il y ait quelque chose qui appa-*

*raît !*¹ » Et il a affirmé les substances spirituelles, en les plaçant hors du temps et de l'espace, — ce qui suffit pour que nous ne les puissions connaître, — les chargeant, à notre place, d'accomplir nos actes de liberté qui, considérés dans le monde des phénomènes, sont des actes nécessaires ! Il a enfin, on peut dire, placé au-dessus de Dieu, dont il a donné différentes définitions mal concordantes, un Inconditionné pur auquel l'idée même de l'être est inapplicable, et il a établi son système des catégories sur le fondement de la Substance et de l'Absolu, non de la Relation.

Le criticisme kantien a ainsi déterminé une marche rétrograde de la philosophie par rapport à Leibnitz et à Berkeley, à Descartes même. Ces philosophes avaient fait entrer la philosophie dans une voie de spéculation où, abstraction faite de leurs doctrines, l'être en soi était défini, qu'il s'agît de Dieu, de l'esprit, ou de l'âme, par des attributs de l'être. Et ils éliminaient la fiction de la substance dans ce qu'on dit, en elle, être inconnu et inconnaissable. La substance comme substratum ou support des phénomènes était réduite à un mot, désignant le sujet logique. Mais, après Kant, l'école allemande voulant *réaliser* la substance que la timidité de Kant laissait indéterminée, a fait d'elle, en diverses façons, la matière universelle des phénomènes, de laquelle ils émanent tous éternellement dans un ordre nécessaire. C'est la doctrine de la substance et de son évolution qui diffère de celle de Spinoza par un retour plus marqué aux doctrines anciennes de l'émanation divine et par une métaphysique infiniment moins approfondie et plus véritablement athée.

Pendant que l'histoire de la substance suivait ce cours en Allemagne pour aboutir après Hégel à une

---

1. *Critique de la raison pure*, préface de la 2ᵉ édition.

réaction de l'empirisme, ou, avec Schopenhauer, à un nouveau genre d'émanatisme, auquel il faut au moins reconnaître un mérite, l'abandon du « plat optimisme » des successeurs de Kant, les successeurs de Hume et l'école associationiste, en Angleterre, avaient décidément abandonné la substance matérielle. On rendait peu justice à Berkeley tout en établissant sur de nouveaux frais d'arguments ses thèses immatérialistes. Sa théologie ne plaisait pas et on renonçait à définir la substance spirituelle, quoiqu'on ne pût éviter de sentir, comme l'avait senti Hume, qu'il était inévitable de composer, en psychologie, quelque synthèse, de reconnaître quelque notion capable de représenter, pour la métaphysique, un fait aussi certain et considérable que celui de l'existence de l'esprit. Le dernier mot, à ce sujet, que nous sachions, est néanmoins un mot de renoncement et de désespérance. En France, le dernier mot de celui de nos psychologues qui s'est le plus distingué à la fin du siècle précédent est que la pensée pourrait bien être un mode du mouvement[1]. C'est ce qu'avaient dit les idéologistes. Nous préférerions, s'il fallait choisir, le dernier mot de Stuart Mill[2]. « Si nous regardons l'esprit comme une série de sentiments, nous sommes obligés de compléter la proposition en l'appelant une série de sentiments qui se connaît elle-même comme passée et à venir, et nous sommes réduits à l'alternative de croire que l'Esprit ou Moi est autre chose que les séries de sentiments, ou de possibilité de sentiments, ou bien d'admettre le paradoxe, que quelque chose qui, en hypothèse, n'est qu'une série de sentiments peut se connaître soi-même en tant que série. La vérité est que nous sommes en face de l'inex-

---

1. Hippolyte Taine, *De l'intelligence*, t. II, p. 63-65.
2. Stuart Mill, *La philosophie de Hamilton*, ch. XII (p. 234, trad. Cazelles).

plicabilité finale à laquelle nous arrivons inévitablement quand nous touchons aux faits ultimes... Je crois que ce qu'il y a de plus sage est d'accepter le fait inexplicable sans faire une théorie de sa production. »

Mais il n'est pas vrai que l'œuvre de la métaphysique se termine à l'acceptation d'un fait qui d'ailleurs ne demande pas à être accepté, qui s'impose. Dans le temps même où Mill s'arrêtait à cette conclusion, Herbert Spencer, à côté de lui, édifiait un nouveau système sur l'ancien plan de l'Absolu inconnaissable, Il plaçait l'Absolu au delà de la substance, et, de la substance externe, sous le nom de *matière* et de *force*, il construisait progressivement l'Esprit, ou l'Interne, par l'œuvre d'une évolution nécessaire dont il décrivait les phases passées et futures. Et c'est à l'aide de la méthode de l'empirisme, c'est sur le fondement des lois de la matière et de leur étude prétendue scientifique, qu'il élevait son fastueux monument en face des doctrines ruinées de l'apriorisme germanique.

Le XVIIIe et le XIXe siècles philosophiques ont ainsi abouti, en deux lignes opposées de penseurs, à détruire, par la critique, les synthèses de la haute connaissance humaine des siècles antérieurs, à les prendre en dégoût, à s'avouer incapables de les remplacer. D'un autre côté, par la spéculation, ils ont renouvelé dans leurs grands traits essentiels, les doctrines qui présentent la conscience et l'esprit comme les produits individuels, mais privés d'individualité permanente, du tout un et solidaire qui est le monde, qui est la substance, sous quelque nom, avec quelque forme de développement qu'on la décrive. Il fut un moment cependant où la notion de substance, épurée, échappant à la fois aux abstractions du réalisme scolastique, et à la définition des panthéistes, put s'appliquer, dans la pensée d'un grand philosophe, à l'être lui-même, essentiellement individuel, et à tout être considéré à tous les degrés possibles de la conscience, depuis les premiers éléments de la vie, jusqu'à la perfection de l'esprit accompli. C'est le moment de la monadologie leibnitienne, mais qui elle-même engagée par son auteur dans un vaste système d'infini et d'enchaînement universel, absolu, des phénomènes, n'a peut-être pas été encore comprise et appréciée pour sa valeur propre.

CHAPITRE IV

CONCLUSION

Descartes et ses disciples ne se sont pas, selon nous, expliqués assez clairement sur la notion de substance qu'ils tenaient confuse de l'École. Ils auraient dû déclarer nettement que la *chose qui est en soi,* c'est-à-dire définie par une conception propre, dont toutes les conceptions dépendent sans qu'elle dépende d'aucune autre est la Pensée. De la seule pensée on peut dire, qu'elle est conçue en soi et par soi. En elle la substance et l'attribut s'identifient, sans quoi l'idée de la substance se confondrait avec l'idée abstraite de la chose ou de l'être et n'exprimerait rien de réel. Cette théorie, présentée comme conclusion du nominalisme, et surbordonnant à la pensée l'étendue et le mouvement qui la supposent pour la connaissance, aurait permis de réagir, plus que n'a fait le cartésianisme, contre les trois principales doctrines ou méthodes divergentes qui lui ont succédé et qui ont méconnu son véritable principe :

1° Le matérialisme ; Descartes n'a pas tiré les conséquences du fait, qu'il reconnaissait en principe cependant, et faisait valoir contre les objections de Gassendi et de Hobbes, et Malebranche lui-même, qui les voyait clairement, s'est refusé à les tirer.

2° Le spinosisme ; ce souverain réalisme de la substance a dû sa principale force à la conception systématique de la pensée et de l'étendue comme attributs inséparables de la substance unique, infinie, indivisible dont toutes les choses seraient les modes nécessaires. Descartes avait accordé à l'Étendue le titre de *Substance*, quoique l'étendue soit certainement conçue *en nous* en tant qu'elle est une idée innée. Et, ce qui n'est pas moins grave, Descartes ne s'était pas assez expliqué touchant le principe d'individuation, d'où l'incertitude philosophique demeurée sur la question de *substance de la pensée* ou de la multiplicité des substances individuelles ou consciences. Leibnitz devait satisfaire à ce desideratum mais sans oser accorder à l'en soi des substances quelque chose de plus que la spontanéité de leurs modifications prédéterminées.

3° La critique psychologique employée à la recherche de la substance inconnue comme support soit des phénomènes objectifs appelés matériels, soit de ceux dont les faits de conscience sont la manifestation propre. L'impuissance de cette critique a rendu la vigueur au dogmatisme réaliste et Kant a restitué les substances pures en les rendant par *définition indéfinissables*. Locke aurait pu en faire autant déjà, s'il ne lui avait paru plus simple de les reconnaître, d'une part, et de montrer, de l'autre, que la notion que nous croyons en avoir repose sur une fiction puérile. Berkeley découvrit vers le même temps que Leibnitz la définition vraie *de la chose qui pense*; il ne sut pas comme lui étendre cette définition de l'esprit, *mutatis mutandis*, à la définition du fond de la nature, mais il eut plus de succès à combattre le réalisme de la matière abstraite, dont Leibnitz conservait volontiers le langage en en renversant le principe, c'est-à-dire l'étendue en soi.

L'obstacle principal, qui s'était opposé à la complète élucidation des notions rationnelles, finalement admises par Berkeley, et qui s'opposa ensuite à la découverte d'une conclusion positive qui eût permis de *construire* un nouveau système, d'opposer aux analyses *destructives* de Hume, des synthèses de phénomènes, cet obstacle est l'ignorance, ou la méconnaissance, du principe de relativité. La formule de Comte, substituant à l'objet de de la science (à celui de la psychologie et de la métaphysique, si Comte eût reconnu la légitimité de ces branches de l'investigation rationnelle) tel que la philosophie réaliste l'avait compris, les *lois des phénomènes,* pouvait conférer aux substances leur vrai sens d'être ou de choses. Il y aurait autant de substances qu'on reconnaîtrait d'idées, dont les objets sont concevables en soi ou composés d'objets conçus par soi et dont les attributs essentiels sont les suffisantes définitions.

Le principe de relativité bien compris est le seul qui permette une solution rationnelle du problème de la substance, en posant la relation fondamentale pour l'être fondamental, au lieu du vide de la pensée ou des substrats chimériques. Cette relation est celle qui à la fois n'en implique aucune autre et nous est donnée empiriquement avec la plus entière certitude. On la reconnaîtrait mieux si l'on songeait que la conscience est le rapport du sujet à l'objet de la pensée, *elle-même, en elle-même,* et ne peut être conçue autrement, n'exige la conception d'aucune autre chose que son propre contenu pour être conçue, tandis que la conception des autres choses suppose toujours celle-là.

Après Berkeley, Kant et Schopenhauer, son disciple, auraient pu fixer définitivement cette vérité, s'ils n'eussent été attirés vers les doctrines de l'unité de substance. Le premier cependant renonçait formellement à la rendre intelligible, le second la définissait par le plus extraordinaire des concepts abstraits, la volonté sans conscience. Il n'est pas étonnant que l'empirisme vulgaire, d'un côté, de l'autre les idées communes d'esprit et de matière et le sentiment prétendu d'une substance pour soutenir les phénomènes aient repris leur empire quand les étranges et violents excès de spéculation métaphysique, en Allemagne, ont été abandonnés par la mode, quand la critique empiriste anglaise est morte d'épuisement ou par l'effet de la puissante diversion hérétique de Spencer.

Ceux des métaphysiciens qui n'admettent le réalisme des substances ni sous l'un ni sous l'autre de ces deux modes : 1° Réalisation d'idée de support des qualités en *quelque chose d'inconnu* qui est leur sujet indépendant ; — 2° Réalisation des notions abstraites, si ce n'est même des idées sensibles pour être les substrats des modifications diverses et variables, — ces métaphysiciens envisagent ordinairement la substance dans le tout objectif du monde, un et seul réel, unissant en lui tous les attributs et modes de l'existence. La substance peut alors être imaginée sous la forme d'un sujet de développement, soit indivisible et immuable sous l'infinité de ses modes divisés et transitoires (spinosisme), soit lui-même assujetti à une loi de changements et de transformations périodiques (évolutionisme). Les deux systèmes s'accordent à regarder la conscience comme un produit, les individualités comme transitoires, et tendent, quand on les approfondit, à présenter les phénomènes comme des apparences illusoires. Ils diffèrent du néoplatonisme, doctrine antique de l'émanation, qui est aussi une sorte d'évolutionisme, mais unique et d'ordre descendant, en ce qu'ils n'admettent point les individus perdurables, les âmes ou substances individuelles et leurs destinées.

La vraie notion de la substance, tant au point de vue rationnel qu'au point de vue expérimental, est, au contraire, celle qui convient à l'être individuel pensant et aux qualités qui le définissent élevées par généralisation et induction à la permanence et à l'identité dont il a le sentiment et le désir. L'âme est le nom communément donné aux plus élevées en perception et en volonté de ces substances, dont les monades d'ordre inférieur — les monades servantes — composent les corps. Et ce sont les substances composées. Et Dieu, monade suprême est non, comme le pensaient la plupart des scolastiques, l'être universel (*unica, universalis et necessaria substantia*), en un mot le *genus generalissimum,* mais l'être le plus essentiellement individuel, *species specialissima,* comme l'ont enseigné les nominalistes les plus résolus du moyen âge.

TABLE DES MATIÈRES

Pages.

CHAPITRE PREMIER

Histoire de la notion de substance : les théologiens ; les scolastiques.. 1

CHAPITRE II

Histoire de la notion de substance : Descartes et les Cartésiens. 21

CHAPITRE III

Histoire de la notion de substance : la substance intérieure. Matérialisme et idéalisme. 34

CHAPITRE IV

Conclusion. 50

Vu :
Le 23 janvier 1905,
Le Doyen de la Faculté des Lettres
de l'Université de Paris :

A. CROISET.

Vu et permis d'imprimer :
Le Vice-Recteur de l'Académie de Paris,
L. LIARD.

CHARTRES. — IMPRIMERIE DURAND, RUE FULBERT.

www.ingramcontent.com/pod-product-compliance
Lightning Source LLC
LaVergne TN
LVHW051506090426
835512LV00010B/2381